KB106363

THE CREATIVE RICH

창조 부자

창조 부자

발행일   2016년 03월 31일

지은이   백 귀 선
펴낸이   백 귀 선
펴낸곳   와나카북
출판등록   2016년 1월 28일   제2016-000005호
주소   경기도 부천시 소사구 범안로 130-27 501-2004
홈페이지   blog.naver.com/wanaka32
전화번호   032-341-0834   팩스   032-341-0834

ISBN   979-11-957403-1-4 03190(종이책)   979-11-957403-2-1 05190(전자책)

이 도서의 국립중앙도서관 출판예정도서목록(CIP)은 서지정보유통지원시스템 홈페이지(http://seoji.nl.go.kr)와
국가자료공동목록시스템(http://www.nl.go.kr/kolisnet)에서 이용하실 수 있습니다.
(CIP제어번호: CIP2016007196)

창조 부자

부자가 되길 원한다면, 내면의 그림을 점검하라!

백귀선 지음

WANAKA

프롤로그

　　　　　　　　　사람은 크게 세 가지 가치를 얻으
면 행복하다고 합니다. 그것은 부, 건강, 사랑입니다. 우리는 이러
한 가치를 얻기 위해 주로 외부 현실에서 분주하게 살아갑니다. 우
리가 경험하는 외부 현실은 결과의 차원입니다. 사실 모든 소중한
가치는 내면에서 얻을 수 있습니다. 외부의 지식만을 전달하는 책
은 그 생명력이 짧습니다. 말에 힘이 있다는 것은 생각에 힘이 있
다는 뜻이고, 생각에 힘이 있으려면 생명력이 있어야 합니다. 생명
력 있는 생각은 내면 깊은 곳의 영감입니다.

　앞으로 당신이 읽게 될 내용은 새로운 외부의 지식이 아닙니다.
우리가 원하는 바를 성취하기 위해서 생각이 작동하는 원리, 우주
의 마음이 우리에게 어떤 의미가 있는지에 대한 근본적인 통찰이
필요합니다.

　마음속 진리에 대해 한 번 생각해 보고, 자기가 원하는 것을 얻

기 위해 바른 마음가짐을 갖기 위한 안내서라고 보면 됩니다. 그리고 이 책은 처음부터 순서대로 읽어 내려가지 않아도 됩니다. 여백이 많게 편집한 것은 그냥 쭉 읽어 내려가는 것이 아니라, 한 구절을 읽을 때마다 충분히 생각할 여지를 주기 위해서입니다.

우리는 내면에서 원하는 만큼의 인생을 살 수 있습니다. 바라는 만큼 되는 존재입니다. 자기 생각을 의도적으로 선택하는 훈련을 통해 독자들이 원하는 조건과 환경을 맞이했으면 합니다.

사람들은 누구나 부자가 되기를 꿈꿉니다. 우리는 마음가짐을 바꿈으로써 부자로 거듭날 수 있습니다. 우리의 마음가짐이 원인이고, 부는 그 결과입니다. 생명체로서 풍요로운 삶을 갈망하는 것은 당연합니다. 우리는 가능한 한 모두 부자가 되어야 합니다. 부자가 되는 것은 많은 것을 포함합니다. 부자가 된다는 것은 자기를 최대로 계발하는 일입니다. 자기를 최대한 계발하는 것은 세상에 가장 큰 봉사를 하는 것입니다.

우주는 언제나 풍요롭습니다. 가난한 개인이 존재하는 것은 특정 방식으로 생각하지 않기 때문입니다. 우주는 무한한 부의 공급원입니다. 우리는 풍요에 집중하는 사고방식으로 부를 끌어당길 수 있습니다. 그러기 위해서는 돈에 대한 부정적인 인식을 당장 버려야 합니다. 내면의 현실이 외부의 조건과 환경을 만듭니다.

부자가 되기 위해서는 자기 생각을 의도적으로 선택해야 합니다. 당신은 자기 생각을 지켜볼 수 있습니까? 우주는 자기 생각과 비슷한 것을 끌어당깁니다. 지배적인 생각이 결핍과 한계라면 가난한 현실을 끌어올 것입니다. 당신은 원하는 것에 집중할 수 있습니까?

당신이 바라보는 현실은 내면을 반영하기 마련입니다. 큰 부를 원한다면 큰 비전을 먼저 품어야 합니다. 마음속에 부에 대한 이미지를 심으세요. 목표의식과 신념을 꾸준히 유지하세요. 당신에게 한계란 없습니다. 한계는 보통 스스로 만드는 것입니다.

우주와 자연은 우리에게 우호적입니다. 보이지 않는 무한한 부의 공급원을 믿으세요. 우주는 생명을 끝없이 재생해 냅니다. 우리는 언제나 이 진실을 관찰할 수 있습니다.

우리 주위에 무한한 기회가 존재한다는 인식은 창조 마인드로 탈바꿈하게 합니다. 우주의 근원은 본질적으로 창조적입니다. 남과 경쟁해야 한다는 낡은 사고방식을 버리세요. 당신은 시간과 장소에 얽매이지 않고, 창조적인 방식으로 큰 부를 얻을 수 있습니다.

힘은 내면에서 비롯됩니다. 모든 성장도 내면에서 비롯됩니다. 자연은 보이지 않는 힘으로 끝없이 발전합니다. 부를 얻고자 하는 것은 생명 본연의 발전하려는 욕구 중 하나입니다. 식물이 더 자라고 자 하는 것과 다르지 않습니다.

원하는 것이 모호해서는 안 됩니다. 마음속에 분명한 비전을 가 지고 믿으면 반드시 이루어집니다. 영적인 차원에서 우리의 소망은 이미 이루어졌습니다. 우리가 확고한 신념을 가지면, 적절한 행동 을 하게 됩니다. 우리가 간절히 원하면 창조력이 발휘됩니다. 모든 우주의 힘은 자기 내면에 존재합니다.

차례

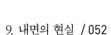

1
......

부란 무엇인가

부에 대한 갈망은
생명체로서 당연합니다.

　　　　　사람은 무언가를 소유해야 자기를 최대로 표현할 수 있습니다. 무언가를 소유하기 위해서는 돈이 필요합니다. 부를 얻으면 무언가를 할 자유를 얻습니다. 자기가 원하는 대로 되기 위해서 돈이 필수적인 것입니다. 큰 부를 원하는 것이 숨겨야 할 일은 아닙니다. 우주와 자연은 우리가 최대로 계발하기를 원합니다.

　당신은 지금 이 순간 부자로 거듭날 준비가 되어 있습니다. 당신의 열망이 이 책을 펼치게 한 힘입니다. 당신은 부자가 되어 자기가 원하는 인생을 살 수 있습니다. 그러기 위해 우리는 자기의 마음가짐을 점검해야 합니다. 자기 생각과 감정을 통제할 수 있어야 합니다. 우리가 풍요를 주로 생각한다면 풍요로운 현실이 곧이어 나타날 것입니다. 그만큼 내부의 현실이 중요하다는 뜻입니다. 부의 원인은 외부에 있지 않습니다. 부와 돈은 풍요로운 마음의 결과입니다.

제가 말하는 부는 추상적 의미의 부가 아닙니다. 작은 것에 만족하는 사람은 제가 말하는 의미의 부자가 아닙니다. 당신은 생각의 크기만큼 부를 축적할 수 있습니다. 큰 것을 요구하면 큰 것을 얻게 됩니다.

우리는 맛있는 것을 먹고 싶을 때 먹고, 갖고 싶은 것을 마음껏 갖기 위해 부자가 되어야 합니다. 부자가 되는 일은 그만큼 세상에 가치를 제공하는 일입니다. 자기를 위해 부자가 되는 일은 결코 자기만을 위하는 이기적인 행위가 아닙니다.

돈에 대한 부정적인 견해가 있다면 돈이 오는 길목을 막게 됩니다. 돈을 좋아하는 사람에게 돈이 끌립니다. 원하는 대상이 무엇이건, 당신은 자기가 원하는 만큼 얻을 수 있습니다. 꿈을 크게 가지라는 말은 다 이런 뜻으로 하는 말입니다. 세상에 가장 크게 보답하는 길은 가난한 사람들을 돕는 일이 아닙니다. 자기가 최고로 성공하고 부자가 되는 것이 가장 크게 봉사하는 길입니다. 두려움은 가난의 의식이기 때문에 하루빨리 없애버려야 하는 감정입니다.

부란 풍요로운 마음이 원인이 되어 나타난 결과입니다. 부를 추구하는 과정을 통해 우리는 발전할 수 있습니다. 반대도 마찬가지입니다. 자아실현을 통해 우리는 부를 축적하게 됩니다. 자기를 자유롭게 꽃 피우기 위해서는 돈이 필요합니다. 지금 당장 가난이 아닌 부의 이미지를 마음속에 심으세요. 우리는 자기가 마음속에 품은 이미지대로 됩니다. 부를 추구하는 것은 생명이라면 누구나 원하는 본능입니다. 부를 얻는 과정에서 우리는 풍요를 경험합니다. 당신의 본성이 풍요라는 점을 기억하시길 바랍니다. 따라서 우리가 돈을 얻는 것은 생명을 자유롭게 표현할 수 있을 때 가능한 것입니다.

우리의 재정 상태는 내면의 현실을 그대로 반영합니다. 당신의 내면이 부유함을 간절히 원한다면 현실적인 조건도 그에 따라 변하기 마련입니다.

현실적으로 풍요로운 환경을 만들고 싶다면, 먼저 마음을 점검해야 하는 이유입니다. 당신이 보는 객관적인 세상이란 절대적인 것이 아니고, 자기 마음 상태를 그대로 반영하기 때문입니다.

당신은 원하는 모든 것을 창조할 수 있습니다. 경쟁이 아닌 창조를 통해 부자가 될 수 있습니다. 창조는 세상이 흔히 말하는 천재만의 영역이 아닙니다. 부의 공급이 한정되어 있다는 생각은 창조력을 방해합니다. 당신이 창조적인 방법으로 부자가 된다면, 사람들에게 큰 자극이 될 것입니다.

세상에서 흔히 말하는 부는 결과의 차원입니다. 풍요로운 마음이 부의 원인입니다. 자기가 부와 풍요를 지속적으로 원하고 믿으면, 결과의 차원인 현상 세계에 드러날 것입니다. 생각과 비전이 원인입니다. 외부 세상을 보지 말고 내면을 주시하세요. 당신이 얼마나 내면에 충실한지가 부의 크기를 좌우합니다.

부는 자기를 최대한 계발할 때 따라오는 선물입니다. 또한 부는 스스로를 계발하는 데 필요한 자원을 제공합니다. 부는 자유입니다. 건강, 사랑, 부는 모두 같은 진리를 표현하는 동의어입니다.

부는 무한한 내면의 반영입니다. 우리 내면의 근원이 풍요로움을 깨닫는다면, 결과인 부는 자연스럽게 따라올 것입니다. 당신의 부는 내면의 정신을 그대로 반영하게 됩니다. 부가 외부에서 얻어지는 것이라는 고정관념을 버리세요. 부가 본질적으로 내면에서 비롯됨을 알 때 창조 마인드가 가동되기 시작합니다.

THINKING BOARD

2

부의 공급원

사람은 일상적으로 눈에 보이는 대로
현실을 믿는 경향이 있습니다.

우리가 진실을 보려면 사물을 꿰뚫어 볼 수 있어야 합니다. 세상의 부가 외부에서 생겨난다는 믿음은 우리에게 부가 한정되어 있다는 생각을 하게 합니다. 진실은 이렇습니다. 우주는 하나의 정신에서 생겨났습니다. 이 정신은 우주 곳곳에 퍼져 있습니다. 이 보이지 않는 정신에서 세상의 모든 만물이 자라납니다. 이 정신은 끝없는 생명이라 고갈되는 일이 없습니다. 세상을 자라나는 것으로 생각하는 습관이 중요합니다. 부의 공급원은 무한하므로 조급해할 필요가 없습니다.

우리는 창조적인 힘을 발휘하기만 하면 됩니다. 창조 정신은 보이지 않는 정신의 근본 특성입니다. 생각은 창조력으로 작용합니다. 우리는 자기가 원하는 바를 창조적인 힘에 전달하여 원하는 것을 얻을 수 있습니다. 우리가 할 일은 기존의 것을 얻기 위해 경쟁하는 것이 아닙니다. 우리는 현재 무형의 정신이 생각한 대로 창조한 세상에 살고 있습니다. 이 정신은 생각하는 보이지 않는 정신입니다. 사람은 생각할 수 있는 존재입니다. 우리의 생각을 무형의 정신에 작용시킴으로써 원하는 것을 창조할 수 있습니다. 세상의 위대한 발명가, 기업가, 예술가들은 의식을 했는지는 상관없이 이 원리를 적용한 사람들입니다.

부를 얻는 과정도 마찬가지입니다. 우리는 기존의 것이 아닌 새로운 것을 창조함으로써 큰 부를 얻을 수 있습니다. 그것도 빠른 시일 내에 말입니다. 경쟁 마인드가 아닌 창조 마인드로 갈아타는 결심이 필요합니다.

큰 부를 얻을 잠재력은 이미 당신에게 존재합니다. 자기에게 한계를 부여하지 마세요.

무형의 근원을 우리가 자주 인식할수록 기회가 무한하다는 사실을 깨달을 수 있습니다. 우리는 스스로 생각하는 대상을 닮아갑니다. 만물은 하나의 근원에서 비롯되었습니다. 하나가 모든 것을 포함합니다. 우리는 부의 근원에 감사하는 마음을 통해 힘을 얻을 수 있습니다. 이 힘은 창조력입니다. 부에 대한 강렬한 소망은 창조력이 발휘되는 원동력입니다. 우리는 생각하는 존재입니다. 따라서 우리는 순간마다 현실을 창조하고 있습니다. 당신이 부의 진정한 공급원을 깨달았다면, 눈에 보이는 현실이 전부가 아니라는 사실도 알 수 있을 것입니다. 우리도 우주의 일부이기 때문에 위대한 정신은 내면에도 존재합니다. 창조적인 힘은 내부에서 나옵니다. 당신은 자기 힘을 사용하기만 하면 부를 축적할 수 있습니다. 자주 이 힘을 인식하는 것이 중요합니다.

원하는 것에 집중하는 것이 창조 과정입니다. 원하는 것이 있다는 것은 목표가 있다는 뜻입니다. 명확한 목표는 창조의 핵심입니다. 창조적인 방법으로 부에 접근하는 사람은 남과 다툴 필요가 없습니다. 완전히 똑같은 것을 원하는 사람은 없기 때문입니다. 사람은 다양한 욕구가 있습니다. 사람들의 옷이 제각각인 것처럼 세상은 다채로운 욕망으로 좀 더 풍요로워지고 있습니다.

대부분의 사람들은 부가 외부에서 생겨나는 것으로 오해하고 있습니다. 모든 것이 외부에서 생겨난다는 오해는 우리를 경쟁으로 치닫게 합니다. 부는 한정되어 있다는 착각을 불러일으키기 때문입니다. 부는 한정되어 있어 나누어 가지는 것이 아닙니다. 누군가 부자가 되면 누군가는 가난하게 남아야 하는 것이 아닙니다. 식물이 저절로 자라듯이 세상의 부는 보이지 않는 영역에서 비롯됩니다. 모두가 부자가 되어도 남을 만한 부가 끊임없이 생성되고 있습니다.

공급이 한정되어 있다는 생각을 한순간도 하지 마세요. 그 생각에서 벗어나는 순간 우리는 무언가를 창조하기 시작합니다. 돈은 주위에 널려 있습니다. 고정관념만이 부가 흘러 들어오는 통로를 가로막습니다. 세상의 부는 한정된 제로섬 게임이 아닙니다. 우주는 자원을 무한히 만들어내는 공급원입니다.

생각은 보이지 않습니다. 그래서 대부분의 사람들은 외부의 현실보다 자기 생각에 주의를 기울이지 않습니다. 하지만 정말 중요한 것은 생각입니다. 생각은 실체가 있는 현실입니다. 눈에 보이고 손에 잡히는 모든 것을 지배하는 것은 내면의 생각입니다. 우리가 하는 모든 행동은 의식하지 않았더라도 생각이 원인입니다. 당신은 생각의 주인입니까, 노예입니까?

생각의 주인은 자기 생각을 의도적으로 선택합니다. 자기 현실을 의도적으로 창조합니다. 생각은 창조적인 힘입니다. 당신이 원하지 않는 것을 주로 생각한다면 원하지 않는 현실이 곧 나타날 것입니다. 내면이 원인이고 외부가 결과입니다.

겉모습에 휘둘리지 말고 세상을 끝없이 자라나는 것으로 바라볼 수 있어야 합니다. 식물에서 푸른 잎이 나고 줄기가 성장하듯, 세상은 진보하고 있습니다. 자연은 고갈되지 않는 부의 저장 창고입니다. 신과 자연은 우리가 부자가 되길 바랍니다.

우주의 정신은 부를 고갈시키지 않습니다. 우주의 정신은 끊임없는 샘입니다. 당신이 눈으로 보는 현상은 부의 공급원이 아닙니다. 태양이 지구 주위를 도는 것이 진실이 아니듯, 감각기관에 의존하면 진실을 보기 어렵습니다. 보이지 않는 부의 무한함을 믿으세요.

당신은 내면으로부터 가치를 만들어내서 부를 창출할 수 있습니다. 세상의 모든 부는 보이지 않는 영역에서 비롯됩니다. 자연도 보이지 않는 정신의 생각에 따라 창조된 것입니다. 근원의 생각에 따라 자연의 현상도 진화를 거듭합니다. 인간은 생각하는 존재입니다. 우리는 자기 생각을 무형의 근원에 전달하여 새로운 형상과 현실을 창조할 수 있습니다.

내면의 세계에 관심을 집중해서, 건설적인 생각을 하도록 하세요. 우주는 자기 생각을 그대로 반영하는 거울입니다. 건설적이고 창조적인 생각은 우리에게 풍요를 안겨다 줍니다. 두려워하고 걱정하는 생각은 우리에게 가난한 현실을 불러들입니다.

부의 공급원은 고갈되지 않으니 걱정하지 마세요. 경쟁은 가난의 마인드입니다. 부는 외부에서 생겨나지 않습니다. 이때 필요한 것이 눈에 보이지 않는 힘을 믿는 신념입니다.

3

부자가 되는 사람

부자는 환경에 의해 만들어지지 않습니다.

같은 환경에서 부자와 빈자가 함께 공존하는 것을 쉽게 볼 수 있습니다. 부자는 특별한 재능을 타고나지 않습니다. 재능은 부를 얻기 위한 하나의 도구입니다. 어떤 분야에서 특출한 재능을 갖고서도 경제적으로 넉넉하지 않은 사람도 많습니다. 부를 얻기 위해 특정 분야에 종사해야 하는 것도 아닙니다. 실제로 억만장자의 업종을 조사해 보면 알 수 있습니다. 분야는 다양합니다. 금융업, 소매업, IT업, 유통업 등 전 분야에서 부자가 탄생합니다. 자기가 몸담고 있는 분야에서 누구나 부자가 될 수 있다는 말입니다. 자기가 몸담고 있는 분야에서 비전이 보이지 않는다면, 점진적인 발전을 통해 다른 업종으로 전환할 수도 있는 것입니다.

부자가 되는 사람은 기본적으로 자기의 관심을 부에 집중할 수 있는 사람입니다. 자기 의지력을 올바른 생각과 행동에 쓸 수 있는 사람입니다.

우리는 살아가면서 수많은 생각을 합니다. 생각을 한다는 것은 무언가를 창조한다는 것입니다. 그것이 부정적인 생각이라면 부정적인 현실을 창조하게 됩니다. 부를 벌어다 주는 생각의 법칙은 원하는 것을 얻는 방법과 일치합니다.

생각을 자기가 원하는 대로 한다는 것은 인생을 스스로 운전하는 것입니다. 자동으로 일어나는 생각대로 행동하는 것은 노예의 삶입니다. 자기 마음을 주시할 수 있는 사람은 자기가 원하는 삶을 살 수 있습니다

할 수 있다는 신념은 창조적인 생각을 선택하는 힘이 됩니다. 생각은 행동을 이끕니다. 행동은 경험과 환경으로 이어집니다.

자기 마음을 어떤 내용물로 채울 것인가 결정하는 것은 집을 짓기 위해 좋은 건축 재료를 모으는 일과 같습니다. 집을 짓기 위해 좋은 재료를 선택하고 신중하게 설계를 합니다. 하지만 자기 인생을 좌우하는 마음의 내용물에 신경 쓰는 사람들은 많지 않습니다. 우리는 무의식적으로 생각하는 일이 많습니다. '어쩌다 보니 인생

이 이렇게 되었다.'라는 것은 생각의 중요성을 뜻하는 말입니다. 지금 이 순간 우리는 다시 시작할 수 있습니다. 우선 자기 마음속을 깨끗이 청소해야 합니다.

우리는 보이지 않는 정신이 창조한 세상에서 살고 있습니다. 우리는 풍요에 집중하는 마음으로 부자가 될 수 있고, 결과적으로 세상을 부유하게 할 수 있습니다. 걱정과 후회는 던져버리고, 자기가 원하는 현실을 마음속으로 그리는 사람이 부자가 되는 사람입니다. 사람은 자기가 상상한 만큼의 인간이 됩니다.

사람은 명확한 목표가 있으면 행동하게 됩니다. 부자는 환경의 산물이 아닙니다. 의도적인 생각의 산물입니다. 부자는 타고난 재능의 산물이 아닙니다. 재능은 후천적으로 계발될 수 있습니다. 어떤 일을 하고 싶다는 욕구가 있으면 우리 내면의 무한한 정신은 능력을 개발하기 시작합니다.

부자는 외부가 아닌 내면을 보는 사람입니다. 무한한 우주의 정신이 내면에 존재함을 아는 사람입니다. 힘을 항상 의식하고 이 힘을 최대한 활용합니다. 두려울 게 없는 사람입니다. 자기가 원하는 모든 것을 가질 수 있는 사람이고, 모든 것을 창조할 수 있는 사람입니다.

부자는 외부의 환경과 제도에서 부를 찾지 않습니다. 부의 근원이 자기 내면에 있음을 깨달은 사람입니다. 자기가 원하는 미래상을 마음에 구체적으로 그릴 수 있는 사람입니다. 아주 또렷하게 그림으로써 창조 과정을 일으킬 수 있는 사람입니다. 의도적으로 마음의 힘을 이용할 때 미래를 만들어 나갈 수 있습니다.

눈에 보이는 현실을 바탕으로 사고하고 현혹되지 않는 것이 중요합니다. 감각기관은 항상 진실을 알기 힘듭니다. 지구의 표면은 평평한 것처럼 보이지만, 진실은 둥글다는 것은 누구나 알고 있습니다. 세상의 부가 한정된 것처럼 보이지만, 진실은 무한합니다.

진리에 대한 지식에 해박해질 때, 각종 질병과 결핍은 사라지게 됩니다. 외부의 상대적인 지식이 아니라 절대적인 지식에 밝아야 합니다. 자기 힘을 아는 것이 지혜입니다. 지혜로운 사람은 외부의 세상에 주의를 기울이지 않습니다. 내면의 무한한 힘과 연결된 사람입니다.

부자들은 대중들로부터 멀리 떨어져 자발적으로 고독을 즐깁니다. 고독은 생각의 힘을 깨닫게 해 줍니다. 인간이 가장 바라는 건강, 부, 사랑 등의 가치는 내면에서 그 근원을 찾아볼 수 있습니다. 각 개인은 우주의 정신이 나오는 출구와도 같습니다.

부자는 잠재의식의 힘을 최대한 활용합니다. 잠재의식은 영감의 원천이자, 습관의 산물입니다. 자기 운명을 바꾸기 위해서는 의도적인 생각을 통해 잠재의식을 조금씩 변화시켜야 합니다. 우주의 정신은 인간을 통해 자기를 다채롭게 표현하고자 합니다. 부는 힘의 결과입니다. 모든 힘은 내면에서 나옵니다. 내면에 없는 부를 외부에서 얻을 수는 없습니다.

4

창조 마인드

이 우주를 생겨나게 한 무형의 근원은
근본적으로 창조적입니다.

자기가 가지고 있던 생각과 이미
지대로 이 세상을 생겨나게 한 것입니다. 우리는 이 정신의 피조물
입니다. 인간은 생각할 수 있습니다. 인간은 생각하는 능력을 통
해 과학, 예술, 기술, 산업 등을 발달시켜 왔습니다. 이러한 훌륭한
업적을 달성한 배경에는 생각을 무형의 정신에 작용시킨 과정이
숨어 있습니다.

우주의 자원은 무한하므로 모두 우리에게 열려 있습니다. 우리는
소망하는 것을 명확히 하고, 받을 준비를 하면 됩니다.

큰 꿈은 큰 창조력을 발휘하게 합니다. 작은 꿈은 이루어져도 작
은 꿈일 뿐입니다. 세상은 경쟁적인 마인드를 가진 사람들로 가득

차 있습니다. 외부로 보이는 부가 전부가 아니라는 사실을 인지하세요. 공급이 한정되어 있다는 고정관념을 버리세요. 우리의 본성은 창조적입니다. 생각이 만들어 낸 세상에서 살고 있는 우리는 생각을 통해 새로운 세상을 만들 수 있는 것입니다.

이 책을 통해 당신이 경쟁 마인드에서 창조 마인드로 갈아타기만 해도 큰 수확입니다. 창조적인 사람은 조급해하지 않습니다. 목표가 분명한 사람은 시간을 낭비하지 않고 창조적인 삶을 삽니다. 분명한 목표는 힘들이지 않고 우리를 올바른 길로 안내하기 때문입니다. 생각으로 원하는 현실을 창조할 수 있다는 사실이 얼마나 반가운 일입니까.

생각은 창조자입니다. 생각을 의도적으로 선택할 수 있다는 것도 우리에게 자유의지가 있다는 뜻입니다.

창조는 내면의 긍정과 부정을 가리지 않습니다. 우리의 생각을 그대로 반영합니다. 자기가 원하는 바를 분명히 확정 지으면 창조 과정이 진행됩니다. 그 대상이 모호해서는 안 됩니다. 창조는 자연적인 과정을 거치게 됩니다. 창조 과정이 얼마나 걸릴지는 알 수 없습니다. 창조는 순수한 의식이 우리를 빌려 행하는 것입니다. 우리는 각각의 출구입니다.

창조 과정은 외부에서 주어지는 것이 아닙니다. 강제를 통해 이루어질 수 없습니다. 자발성이 전제입니다. 창조되는 형상은 내면으로부터 비롯됩니다. 우리는 자기가 원하는 무엇이든 가질 수 있고, 할 수 있고, 될 수 있습니다. 무한한 힘이 우리 곁에 항상 존재한다는 사실을 깨닫게 되면, 모든 두려움이 사라집니다. 힘을 얻기 위해서는 힘을 의식해야 합니다.

억지스럽게 노력에 의존하는 것은 진정한 창조라고 말할 수 없습니다. 창조는 자연스럽게 이루어집니다. 우리가 마음에 지닌 생각대로 창조가 이루어집니다. 부자가 되기 위해서는 창조 과정을 적극 활용해야 합니다. 창조는 천재가 행하는 특별한 일이 아닙니다. 우리는 창조와 동떨어진 존재가 아닙니다.

생각을 의도적으로 선택하는 것이 창조에 적극 참여하는 일입니다. 건설적인 생각을 꾸준히 유지하는 일은 쉽지 않습니다. 우리는 산만하고 부정적인 생각도 꾸준히 거듭합니다. 훈련을 통해 우리는 풍요로운 생각에만 집중할 수 있습니다. 풍요로운 생각을 통해 원하는 조건과 환경을 불러올 수 있습니다.

우주의 정신은 근본적으로 창조적입니다. 경쟁 마인드는 우주와 조화를 이룰 수 없습니다. 당신이 무언가에 조급해하고 있다면 조화가 깨진 것입니다. 창조자는 누군가와 다투지 않습니다. 당신이 남의 것을 질투하고 있다면 조화가 깨진 것입니다. 창조자는 남과 같은 것을 원하지 않습니다.

우주의 마음은 위대한 에너지이자 원료입니다. 우리의 생각은 일종의 형틀입니다. 생명은 우리를 통해 세상으로 나아갑니다. 우리가 눈으로 보는 물질은 전부 에너지가 특정 형상대로 변한 결과물입니다.

인간의 생각은 문자를 통해 형상으로 굳어집니다. 우리는 문자를 통해 위대한 사상가와 작가들과 친구가 될 수 있습니다. 작가는 문자를 통해 우주의 정신을 표현합니다. 내면의 원료는 넘쳐납니다. 우리 내면에는 무한한 자본이 존재합니다.

외부의 자본을 찾지 말고 자기 내면을 적극 활용하세요. 외부의 부는 결과물입니다. 창조 과정의 산물입니다. 현상을 쫓지 말고 내면의 재료를 이용해 자기가 원하는 현실을 창조하세요. 자본이 없어서 부자가 못 된다는, 조건이나 한계를 마음속에 만들면, 창조 마인드가 가동되지 않습니다.

사람은 누구나 발명가로 태어납니다. 사회의 세뇌와 주입이 아닌 자기 비전을 믿을 때 다시 기적이 시작됩니다. 건강, 풍요, 사랑에 모든 주의를 기울이세요. 반대되는 것에 신경을 쓸 때, 반대의 현실을 끌어당기게 됩니다. 끌어당김의 법칙, 중력의 법칙처럼 명확하고 항상 작동합니다. 비슷한 것끼리 서로를 끌어당기는 힘입니다.

우주의 마음이 원료이고, 각 개인은 출구입니다. 건설적인 우리의 생각을 통해 우주의 정신이 표현됩니다. 우주의 마음은 자기를 풍요롭게 표현할 길을 항상 찾고 있습니다.

우주의 정신은 근본적으로 창조적입니다. 우리는 이를 힘을 의식하고 활용하기만 하면 됩니다. 우주는 모두 우리를 위해 존재합니다. 우주의 흐름을 탈 때 더 이상 노력에 의존하지 않게 됩니다. 창조 정신은 영감을 원료로 삼습니다. 영감은 깊은 내면에서 나옵니다. 영감의 공급원은 무한합니다. 우주의 정신과 우리의 정신이 하나임을 인식할 때 우리는 절대적인 힘을 발휘할 수 있습니다.

명확한 목표와 집중은 소망을 달성하는 힘입니다. 소망을 달성하기 위해서는 우리 내면의 영적인 힘을 활용해야 합니다. 영성은 실질적인 힘입니다. 우리의 의식이 분산되지 않는 것이 중요합니다. 소망이 이미 이루어진 사실이라고 믿는 것이 영적인 힘의 신비입니다.

우주의 정신이 자기를 통해 흐를 수 있도록 문을 열어두세요. 많이 주면 많이 받습니다. 생각은 우리가 원하는 것을 얻게 하는 창조력입니다. 강렬한 소망은 이미 이루어진 사실입니다.

5

분명한 비전

비전을 갖는다는 것은
마음속에 이미지를 그리는 일입니다.

이미지는 그릴수록 구체적인 그림
이 됩니다. 세부적인 묘사가 가능해집니다. 과정을 거듭할수록 소
망은 마음속에 강하게 인식됩니다. 이미지는 모든 성공에 필수적입
니다. 뇌는 마음속의 이미지와 외부의 현실을 구분하지 못합니다.
상상력은 자기 이상을 세상에 가져오는 일입니다. 우리가 누리는
모든 문명의 작품이 마음속 이미지에서 나온 것들입니다. 당신은
지금 이 순간 마음속에 어떤 그림을 그리고 있습니까?

예를 들어 자기가 원하는 집이 있다고 합시다. 단순히 크고 좋은
집이 아니라, 자기가 원하는 집의 구체적인 모습을 그리세요. 이 과
정을 통해 우리의 바람은 우주를 지탱하는 무형의 정신에 전달됩
니다. 명확한 비전이 전달되면 영적인 영역에서는 이미 이루어진 것

입니다. 평범한 상식을 가지고 사는 사람들은 이 말이 선뜻 이해가 되지 않을 것입니다. 인간의 지성 수준으로는 이해 불가능한 정신 이 우주를 지탱하고 있습니다. 우리가 흔히 현실이라고 말하는 눈 으로 볼 수 있는 모습은 결과의 차원입니다. 우리의 비전이 원인이 됩니다. 외부의 지식보다 내부의 상상력이 중요한 것은 바로 이런 이유 때문입니다.

현실적인 세상에서 비범한 성과를 거두기 위해서는 비현실적인 비전을 마음에 지녀야 합니다. 보통 사람들은 결과로 나타난 모습 만을 보고 현실이라고 믿고, 진정한 현실을 무시합니다. 진정한 현 실은 어디에 존재할까요?

당신이 갖고 있는 비전이 진정한 현실입니다. 외부의 소음보다 자 기 비전을 꾸준히 고수하는 사람은 성공으로 나아갑니다.

큰 비전에 큰 부가 따릅니다. 성공하는 사람들은 누구나 비전을 갖고 있었습니다. 비전은 미래의 청사진입니다. 당신은 지금 이 순 간 비전에 집중하고 있나요. 자기 주의력이 어디로 쏠리는지가 중요 합니다.

우리는 자기가 품은 이미지만큼 미래를 창조할 수 있습니다. 당 신이 하는 일이 전 세계에 영향을 미칠 수 있으면 비전이 큰 것입니다. 그에 따라 당신도 큰 부를 얻을 수 있습니다. 비전을 갖는다는 것은 당신 안의 위대한 생명이 발현되는 것입니다.

비전을 갖는다는 것은 자기 마음속에 생생한 그림을 그리는 것입니다. 객관적인 사물을 눈으로 관찰하는 것과 마음으로 이미지를 그리는 것은 다릅니다. 마음으로 어떤 이미지를 그리는 것은 주관적인 과정입니다. 그리고 생명력이 있기 때문에 결과의 차원인 현실 세계에서 조만간 나타나는 힘이 작동됩니다.

비전은 모든 발명, 사업, 예술의 바탕을 이룹니다. 비전을 그리는 일도 훈련이 필요합니다. 대부분의 사람들은 무의식적으로 비전을 그리기 때문에 늘 긍정적인 것만은 아닙니다. 절대적인 힘을 이용해 그린 비전은 절대적으로 완전한 현실을 불러옵니다. 조건도 한계도 없는 현실은 당신에게 달려 있습니다.

발명가들은 무언가를 구현하기 전에 머릿속에 형상을 분명하게 그립니다. 그리는 과정을 반복함으로써 대상은 명확해집니다. 모든 위대한 발명은 먼저 인간의 머릿속에 존재합니다. 형상은 결과입니다. 생각과 이미지가 원인입니다.

당신은 지금 커피를 마시고 있습니다. 커피잔을 바라봅니다. 지금 당신이 보고 있는 커피잔은 누군가의 머릿속 이미지에서 나온 것입니다. 당신은 지금 결과의 차원을 보고 있습니다.

발명가, 작가, 기업가는 분명한 비전을 그립니다. 그들은 실행에 앞서 마음속에 생명력 있는 영상을 그립니다. 영상은 창조력을 가동시킵니다. 당신이 그리는 영상은 물질세계에서 현실화됩니다. 성공하는 사람들은 누구나 이상주의자입니다. 인간은 특정 환경 속에 살며, 특정 인상을 받아들이지만, 주도적으로 원하는 미래상을 설계할 수도 있습니다.

그림 그리기는 소망을 성취하기 위해 절대적으로 필요한 도구입니다. 우주는 당신을 위해 작동됩니다. 당신은 인위적인 노력을 기울이지 않고, 목적지에 도달할 수 있습니다. 그러기 위해 마음속으로 누구보다 부지런하게 그림을 그려야 합니다. 마음이 물질보다 실제적입니다. 물질은 영원하지 않으며, 마음에 의해 쉽게 바뀔 수 있습니다.

THINKING BOARD

6

신념의 힘

신념이란 보이지 않는 정신을
믿는 힘입니다.

당장 눈앞에 보이는 결과가 없더
라도 진행 중인 과정을 믿는 힘입니다. 신념이 있는 사람은 겉모
습을 꿰뚫어 볼 수 있는 힘이 있습니다. 부의 공급원이 무한하다
는 사실을 절실히 깨닫고 있습니다. 우주의 보이지 않는 정신이 보
이는 것의 배경에 깔려 있다는 사실을 압니다. 비범한 것을 이루기
위해서는 비범한 신념을 지녀야 합니다.

당신이 원하는 바람은 이미 존재하는 사실이라는 인식이 중요합
니다. 신념은 보이지 않는 정신을 항상 의식하는 습관에 의해 단단
해집니다.

신념이 중요한 이유는 인간의 약점 때문입니다. 인간은 일상적으

로 눈에 보이는 것만을 현실이라고 믿는 경향이 있습니다. 결과의 차원인 현상을 바탕으로 생각하는 사람들이 많습니다. 당신이 바라는 것이 당장 눈에 보이지 않으면 좌절하기 쉽습니다. 신념은 드러나지 않은 것을 보는 마음가짐입니다. 신념은 창조 과정을 원활하게 하는 동력이 됩니다. 우리에게 신념이 부족하다면 창조 과정이 더디게 진행됩니다. 신념은 우리의 지배적인 마음가짐이 되어야 합니다. 결심할 당시에만 신념을 갖는 것은 부족합니다.

무언가를 명확히 원하고, 그것이 이미 자기 것이라고 믿으면, 분명히 당신의 것이 될 것입니다. 우주의 마음과 우리의 마음은 기본적으로 동일합니다. 우주를 존재하게 한 정신이 우리 내면에 존재한다는 진실은 우리에게 큰 위안이자 희망입니다.

신념은 흔들리지 않는 믿음입니다. 신념은 외부의 힘이 아닌 자기가 창조자임을 아는 것입니다. 원인이 내부에 있음을 아는 지혜입니다. 미래는 자기가 설계함을 아는 힘입니다.

신념은 눈으로 드러나지 않는 힘과 과정을 믿습니다. 신념은 따로 분리되어 보이는 생명체가 하나임을 믿습니다. 하나의 우주 혼을 인식하는 사람만이 가질 수 있는 믿음입니다.

우리가 원하는 소망은 신념을 통해 무형의 근원에 전달됩니다.

혼들리지 않는 신념만이 창조 과정을 끌어당깁니다. 의심과 두려움 같은 부정적인 감정은 창조력을 마비시킵니다. 두려움은 부의 흐름을 막는 가장 큰 장애물입니다.

신념은 소망한 것이 절대적인 사실이라는 것을 입증하는 증거입니다. 마음속 그림은 신념을 원료로 현실화됩니다. 신념은 우주의 정신과 자기가 하나라는 믿음입니다. 두려움이 없어지며, 걱정과 후회에 주의력을 낭비하지 않는 정신의 습관입니다.

7

효율적 행동

효율적인 행동은 힘이 있는 행동입니다.

사람은 자기 목적을 의식하면 힘이 생깁니다. 방향성이 있는 행동은 힘이 있습니다. 목적을 달성하는 행동만이 효율적입니다. 얼마나 많은 일을 하는 것이 중요한 것이 아니라 얼마나 효율적 인지가 중요합니다.

자기 힘을 의식하면서 하는 행동은 효율적입니다. 제가 이 책을 펴냄으로써 많은 사람들이 부자가 되고 건강해진다면 저의 행동은 효율적인 것입니다. 자기 힘이 우주의 힘과 다르지 않음을 느끼면서 하는 행동에는 생명력이 있습니다. 생각은 모든 행동의 근본 원인입니다. 효율적인 행동을 위해서는 바른 마음가짐이 선행되어야 합니다.

비전을 생생하게 그리고 하는 행동은 효율적입니다. 내면에서 깊이를 가지는 행동은 힘이 있습니다. 힘이 있는 행동은 목표를 달성합니다. 우주의 정신이 스며든 창조 행위는 그 자체로 힘이 있습니다.

우리가 경험하는 모든 것은 결과의 차원입니다. 생각을 원인으로 모든 것이 이루어집니다. 생각이 원인이 되어 우리는 행동을 합니다. 생각은 모든 일을 진행하는 힘입니다. 효율적인 행동을 하기 위해서는 올바른 과학적 사고를 해야 합니다. 건설적이고 긍정적인 사고는 바른 행동을 이끕니다.

THINKING BOARD

8

감사하는 마음

감사하는 마음은
우주의 정신과 조화를 이루는 방법입니다.

감사하는 마음을 통해 우주의 정
신과 연결됩니다. 근원에 가까워질수록 우리는 힘을 얻습니다. 근
원에서 멀어질수록 피상적인 사실에만 가까워지며, 진리를 바탕으
로 한 행동을 하기 어려워집니다. 감각기관으로 받아들이는 현실
은 모두 상대적이며, 한계가 있습니다.

감사하는 마음은 우리가 우주의 정신과 항상 연결되어 있다는
인식입니다. 감사는 내면의 힘을 의식하는 마음가짐입니다. 자기를
위해 가장 올바른 방법을 알고 있는 초월적인 힘에 경의를 표하는
마음입니다. 감사를 자주 표현하는 사람은 반작용의 힘으로 생명
력이 충만해집니다.

감사를 표할수록 우리는 절대적인 존재와 하나가 됩니다. 우리는 시간과 공간을 초월한 힘을 발휘할 수 있게 됩니다. 피상적인 수준에서 머무르지 않는 힘이 바로 이것입니다. 외부에서 영향력과 힘을 빌리려는 마음은 중심에서 벗어난 사고방식입니다. 모든 힘은 내면에서 나오기 때문에 자기의 무한한 공급원에 우리는 자주 감사를 표해야 합니다.

감사하는 마음은 우주의 공급원이 무한하다는 인식에서 옵니다. 모든 것을 풍요롭게 주는 우주에게 경외감을 표현하는 것입니다. 우리가 두려움으로 통로만 막지 않는다면 누구나 풍요로운 삶을 누릴 수 있는 것입니다. 진정한 일을 해내는 존재는 우리의 작은 자아가 아니라 우주의 마음입니다. 우리가 숨을 의식하지 않고 쉬듯이 잠재의식, 즉 우주의 마음은 모든 일을 저절로 해냅니다.

THINKING BOARD

9

내면의 현실

자기 생각과 감정을 관찰해 보면
또 다른 현실이 존재함을 깨닫게 됩니다.

　　　　　　　　　　우리가 눈으로 보는 현실은 외부의 현실입니다. 이 외부의 현실은 누군가의 생각에 따라 만들어진 것입니다. 대부분의 사람들은 결과의 차원인 외부의 현실에서 살아갑니다. 결과의 차원에서 살면서 결과만 바꾸려고 하지, 정작 원인을 들여다보려고 하지 않습니다.

　내면의 현실은 실제적입니다. 내부의 현실은 주관적인 세계입니다. 여기에는 주로 생각과 감정이 포함되어 있습니다. 우리는 자기 마음속에서 원인을 찾을 수 있습니다. 진리를 내면에서 구하는 것은 근본 원인을 찾는 것입니다. 우리가 근본 원인을 찾는다면 더 이상 상황과 운명의 노예가 되지 않을 수 있습니다.

내면의 현실이 풍요로워지면 외부는 저절로 반영될 것입니다. 당신이 눈으로 볼 수 있는 풍요로운 환경 속에서 살고 싶다면, 먼저 당신 내부의 현실을 풍요롭게 가꿔야 합니다. 외부는 당신의 거울입니다. 내면을 그대로 반영합니다. 당신의 마음속 얼굴을 말입니다.

당신은 무한한 부의 근원으로부터 원하는 현실을 창조할 수 있습니다. 당신이 할 일은 이미 기존에 있는 것을 더 많이 차지하는 것이 아닙니다. 당신은 새로운 것을 만들려고 하는 것입니다. 자기가 원하는 것에 집중하는 힘은 내면의 생명으로부터 나옵니다. 번영을 생각하는 사람은 번영을 끌어들이게 되어 있습니다.

우리는 우주의 일부이기도 하지만, 한편으로 우리의 내면에는 세상 만물을 구성하는 근원이 다 들어 있습니다. 생각을 움직이는 힘으로 작용시켜 원하는 물질을 창조할 수 있습니다. 우리가 어떤 대상을 보고 아름다움을 느끼는 것은 아름다움의 원형이 이미 우리 안에 존재하기 때문입니다.

당신의 내면에는 지금도 전쟁이 벌어지고 있습니다. 긍정적이고 건설적인 생각과 부정적이고 소극적인 생각의 대결입니다. 긍정적인 생각이 더 큰 에너지를 가지고 있습니다. 자기 비전을 생생하게 그리는 일은 힘이 있습니다. 미래를 실현시키는 청사진이고 시사회입니다.

밖에서 모든 힘과 권력을 찾으려는 무의미한 일을 그만두시기 바랍니다. 밖에서 힘을 찾으려는 인류의 지금까지의 노력은 모두 헛된 일입니다. 가능하지도 않습니다. 밖에서 힘을 얻겠다는 것은 지배하려는 마음이고 경쟁 마인드입니다.

당신이 건강, 사랑, 부를 얻고 싶으면, 외부가 아니라 안에서 시작해야 합니다. 우리는 마음을 바꿈으로써 병을 고칠 수 있고, 사랑 자체가 될 수 있으며, 풍요를 끌어당길 수 있습니다.

외부의 현실에 관심을 쏟는 만큼 이제는 내부로 관심을 옮길 때가 되었습니다. 내부는 원인의 세계이기 때문에, 외적인 현실을 바꾸기 위해서는 항상 안을 들여다봐야 합니다. 내면이 풍요롭고, 사랑으로 넘치며, 완전하다는 사실을 알게 되면, 외부의 조건도 그림자처럼 그것을 따르게 될 것입니다.

대부분의 사람들은 외부의 현실 속에 살면서 근본적인 원인을 돌보려고 하지 않습니다. 자기가 가난한 이유가 온갖 사회제도와 정치 현실, 환경 때문이라고 생각합니다. 그는 항상 자기 문제를 밖에서 해결하려 하기 때문에 실패합니다. 모든 힘도 내면에서 나오고, 모든 원인도 내면에 있습니다. 우리는 시선을 안으로 돌릴 때 자기 문제뿐만 아니라, 세상의 문제도 해결할 수 있습니다.

10

영감

영감은 내부에서 옵니다. 영감은 무한한
우주 정신과 연결되는 것입니다.

영감을 얻는다는 것은 전기가 흐
르는 전선이 되는 것과 같습니다. 영감을 통한 행동은 자연스럽습
니다.

영감을 얻지 못하고, 건설적인 생각을 하지 않는다면 우리는 많
은 일을 해야 합니다. 일은 많이 하지만 적은 결과밖에 얻지 못합
니다. 영감이 없는 행동은 억지스러운 행동입니다.

무한한 우주의 정신은 우리에게 지혜를 안겨다 줍니다. 인생은 외
부에서 덧보태지는 것이 아니라 내면에서 드러나는 것입니다. 지혜
로운 사람은 외부가 아닌 내면을 봅니다. 내면은 원인의 세계입니다.
무형의 근원에 자기 소망을 전달하면 창조력이 발휘되기 시작합니다.

세상 사람들은 이런 현상을 보고 영감을 얻었다고 말합니다.

영감을 얻지 못한 사람은 노력에 더 많이 의존해야 합니다. 얼마나 많은 일을 하는 것이 중요한 것이 아닙니다. 영감을 받은 행동은 효율적입니다. 무한한 우주는 우리를 통해 자기를 표현하고자 합니다. 인간의 입장에서는 이를 보고 영감을 얻었다고 합니다.

절대적인 진실과 마주한다는 것은 더 이상 조건과 한계가 존재하지 않는다는 뜻입니다. 당신은 소망을 실현할 수 있게 해주는 무한한 힘을 얻게 됩니다. 절대적인 힘은 자유와 동의어입니다. 상식적인 현실에서 벗어나 비범한 업적을 달성할 수 있는 비결입니다.

내면만을 바라보세요. 외부는 그에 따를 것입니다. 내면의 현실을 먼저 풍요롭고 아름답게 만드시길 바랍니다. 외부의 현실은 내면의 이상을 따르게 마련입니다. 마음속에 그림을 그리세요. 자기가 원하는 것을 눈으로 보는 것으로는 부족합니다. 우리가 내면에서 원하는 상을 그릴 때 그 대상은 생명력을 가집니다.

우리 내면에는 각자 무한한 공급원이 있습니다. 세상의 부족이나 가난에 대해서는 무시하세요. 보이지 않는 부를 항상 의식하는 혜안을 기르세요. 부는 널려 있습니다. 우리는 받을 준비만 하면 됩니다. 그러기 위해서는 생명력이 우리를 통해 표현하듯, 먼저 세상에 주어야 합니다. 이게 바로 봉사의 정신입니다. 생명력은 내면에서 흘러 세상으로 들어갑니다.

영감은 고갈되지 않는 신의 정신입니다. 신이라고 하든, 무한한 생명이라고 하든 표현하기 나름입니다. 우리는 근원에 가까울수록 절대적인 존재가 될 수 있습니다. 절대적인 존재가 된다는 것은 한계가 없다는 뜻입니다. 외부세상에는 조건도 있고, 한계도 있습니다. 영적인 근원에서 멀어질수록 우리는 현실에 만족할 수 없습니다. 영적인 근원과 가까울수록 우리는 무한한 환희를 얻습니다. 진정한 자기는 영원합니다.

모든 영감, 지혜, 부, 행복, 사랑, 건강은 내면에서 비롯됩니다. 외부에서 얻어질 수 없습니다. 부자가 되려면 내면에서 시작해야 합니다. 생각의 크기를 키워야 합니다. 제한된 외부 현실에 발목을 잡히면 안 됩니다. 각자의 내면에는 무한한 공급원이 존재합니다. 우리는 이 생명체의 욕구를 분출하는 출구입니다. 각 개인은 다양한 출구라고 말할 수 있습니다. 당신에게 정말 필요한 모든 것은 내부로부터 비롯되는 것입니다. 고요함 속에서 우리는 통찰력과 지혜를 기를 수 있습니다. 어떤 문제에 집중할 때 통찰력이 길러집니다. 통찰력의 근원은 내면의 깊은 곳입니다.

생각은 항상 창조력으로 작동합니다. 모든 생각이 창조를 하기 때문에 우리가 얼마나 긍정적이고 건설적인 생각을 할 수 있는지가 중요합니다. 우리는 모두 한계가 있는 외부 현실 속에 살고 있습니다. 하지만 자기 내부를 들여다보면 한계가 없는 무한한 세계가 있다는 것을 발견할 수 있습니다. 미래를 만드는 힘은 자기 영상화 능력에 달려 있습니다. 자기가 원하는 것은 분명하게 그리는 능력은 미래의 청사진입니다.

대부분의 사람들은 결과의 차원에서 방황하고 있습니다. 인생은 하나의 결과를 하나에 보태는 것이 아닙니다. 당신은 내면에 이상화 능력을 가지고 있습니다. 지금 당신이 어떤 장면을 눈으로 보고 있다면 결과의 차원을 보고 있는 것입니다. 모든 문명의 발명품은 사람 마음속의 이미지에서 비롯되었습니다.

우리는 생각하는 대로 만들어집니다. 우리는 자기 이미지를 닮아갑니다. 무한한 우주의 정신에 다가가기 위해서는 내면을 들여다봐야 합니다.

내면에서 시간과 장소의 한계가 사라집니다. 우리는 일시적이나마 절대적인 존재가 되는 것입니다. 생각을 하지 않는 사람은 결국 피상적인 차원에서 고생만 하게 됩니다. 생각을 통해 주도적으로 인생을 만들어가는 사람이 되어야 자유를 얻습니다.

외부의 소식이나, 현상을 좇는 습관을 버려야 합니다. 당신이 우주의 정신과 조화를 이룰 수 있을 때 외부에도 조화로운 현실이 나타날 것입니다.

원하는 대로 받을 수 있음을 믿는 것이 중요합니다. 영적인 과정은 실제적입니다. 눈으로 보는 것만 실제적이라는 관념을 버려야 합니다. 자기 생각은 영적인 것입니다. 생각은 실체입니다. 생각에 믿음을 더하면 물질 세상에 나타나는 것은 시간문제입니다. 생각은 우리의 바람이고, 원료는 우주의 정신입니다. 이 원료는 고갈되는 일이 없습니다. 전 우주에 퍼져 있는 원료입니다. 우리는 영감을 따라 행동했을 때, 알맞은 시기에 적절한 행동을 하게 됩니다.

생각은 다른 생각으로 끝없이 이어집니다. 내면에서 우러나온 건강하고 과학적인 생각에는 생명력이 있습니다. 우리는 무한한 재료를 이용할 수 있습니다. 힘을 얻는 방법은 힘을 의식하는 것입니다. 우리는 정신을 가진 고깃덩어리가 아니라, 육체를 가진 영혼입니다. 우리의 본질은 영혼이기 때문에 한계가 없는 것입니다.

생각은 시간과 공간의 제약을 넘어서, 멀리 퍼져 나갈 수 있습니다. 우리는 문자화된 생각을 통해 시공간의 구애 없이 소통할 수 있습니다. 감각기관은 기만적이라는 사실을 인식하세요. 진실은 보이지 않는 영역에 존재합니다.

부의 의식은 모으려는 마음가짐입니다. 우리가 세상에 봉사할 때, 즉 의식이 우리를 통해 흐르게 할 때 부를 얻을 수 있습니다. 우주의 정신은 가장 빠르고 효과적이며, 조화로운 방법을 알고 있습니다. 외부에서 어떤 방법을 찾으려고 애쓰지 않아도 됩니다.

우리는 무형의 정신에 원하는 것을 집중적으로 표현해야 합니다. 우리는 힘들이지 않고도 원하는 것을 얻을 수 있습니다. 우리 내면에 무한한 힘이 존재하기 때문이고, 우리는 이를 의식할 수 있기 때문입니다.

항상 내면이 원인이고, 외부는 결과입니다. 현명한 사람은 외부의 현상을 바탕으로 사고하지 않습니다. 자기가 원하는 바를 마음속에 그릴 수 있는 사람이 영감을 얻은 사람입니다. 현상은 언제나 과거의 생각이 반영된 결과입니다.

무엇이든 할 수 있는 힘이 당신 안에 존재합니다. 우리는 완전하고, 건강하고, 사랑이 넘치며, 부유한 존재입니다. 우리는 자기 내면을 표출하기만 하면 됩니다. 우리는 조건도 없고 한계도 없는 존재입니다. 생명체에게 생각은 창조하는 힘으로 작용합니다. 우리가 시시각각 어떤 생각을 하느냐가 운명을 통제합니다. 인생을 주도적으로 산다는 것은 생각을 통제하는 일과 다르지 않습니다.

내면에서 모든 것이 비롯됩니다. 내면의 현실을 올바르게 다듬으세요. 모든 현상은 생각이 첫 단추입니다. 분명하고 구체적으로 미래상을 그리는 습관을 가지세요. 반복적인 각인은 잠재의식을 형성합니다. 잠재의식은 습관을 반영합니다. 따라서 잠재의식을 바꾸는 일을 쉬운 일이 아닙니다. 하지만 우리는 반복을 통해서 목적을 달성할 수 있습니다. 자기가 원하는 현실을 반복적으로 각인시키면 되는 것입니다.

우주는 우리의 생각을 그대로 반영하는 거울입니다. 우리에겐 생각이라는 위대한 도구가 있으며, 무한한 근원 물질이라는 원료가 있습니다. 이상에 한계란 없습니다. 우리는 자기 이상대로 만들어집니다. 부의 공급에는 한계가 없다는 사실이 얼마나 반갑습니까. 저는 항상 이 사실에 놀랍니다. 우주의 무한한 힘을 실감합니다. 이 힘은 멀리 떨어져 있지 않습니다. 외부에서 힘이나 능력을 찾을 필요가 없는 것입니다.

자기가 행복한 존재가 되면 이 행복이 다른 사람에게도 전염이 됩니다. 행복과 풍요의 근원은 내부에 있기 때문에, 우리는 이 정신과 조화를 이루는 상태에 머물기만 하면 됩니다. 조화로운 내면은 조화로운 현실을 가져옵니다. 당신이 우주와 조화로운 관계에 비례하여, 온갖 바람직한 현실이 나타날 것입니다.

당신이 관심을 기울이는 방향을 외부에서 내부로 바꿔나가세요. 외부에서 통찰력을 얻을 수는 없습니다. 모든 형상은 결과의 차원이기 때문입니다. 내면의 힘과 자기를 동일시할 때 두려움이 사라집니다. 우리는 절대적인 존재이고, 무한한 존재로 거듭나는 것입니다. 두려움은 가난의 의식이기 때문에 하루빨리 던져버려야 합니다. 그 반대인 풍요와 용기에 집중함으로써 역경을 헤쳐 나갈 수 있습니다.

외부의 현실이나, 사회의 각종 제도나 정치에 대해 비판하고 불평하는 일을 그만두세요. 우리의 의식을 평범하고 부정적인 것으로 채우면 안 됩니다. 우리는 자기 의식 상태를 닮아갑니다. 자기가 원하는 현실에 집중하는 습관을 들이세요. 불평불만은 영감의 원천인 우주 정신과의 연결을 끊습니다. 우리가 목표를 달성하고, 성공하고, 부자가 되려면 무한한 영감과의 접속에서 벗어나면 안 됩니다.

영감과의 연결이 끊어지면 고된 일상이 기다리고 있습니다. 당신이 상식이라고 생각하는 외부의 현실은 잠시 제쳐놓고 내면을 바라보는 일을 시작하세요. 내면은 항상 자기가 처한 현실의 원인입니다. 영감은 고갈되는 일이 없습니다. 부는 외부에서 얻는 것이 아닙니다. 자기 창조력을 통해 부를 얻는 것입니다.

자기 잠재력은 내면의 우주에서 나옵니다. 자기 가능성과 잠재력을 최대로 발휘했다는 것은 그 사람이 우주의 정신과 연결되었다는 말과 다르지 않습니다. 우주의 자원은 모두에게 공평하고, 열려 있으며, 인색하지 않습니다. 자연은 늘 부유합니다. 특정 개인이 가난하다는 것은 그가 우주의 정신을 자기 내면에 있음을 모르고, 제대로 활용하지 못한 것입니다.

인생은 영상 그리기를 통해 자기가 만들어 나가는 것입니다. 생생하게 그린 영상은 현실로 나타납니다. 자기가 원하는 바를 분명히 확정 지어야 합니다. 우주의 정신은 당신의 소망을 위해 작동되기 시작합니다. 당신 내부의 초월적인 힘은 목적지를 향한 가장 옳은 방법을 알고 있습니다.

외부 현실은 과거의 차원이고, 결과의 차원입니다. 결과의 차원에서 문제를 해결하는 우를 범하지 말고, 자기 내면을 바라봄으로써 원인을 파악하세요. 이상을 굳건히 유지하고, 반복해 그림으로써 현실을 만들어 나가세요. 자기가 원하는 현실이 이미 이루어졌다고 생각하면 눈에 보이는 현실로 나타날 것입니다. 현실화는 시간 문제입니다.

현실화는 생각이라는 형틀을 통해 우주의 정신이 해내는 일입니다. 우리가 해야 할 일은 소망을 구체적인 그림으로 마음에 간직하여 우주의 정신에 전달하는 일입니다. 우주의 정신에는 인간 지성을 뛰어넘는 초월적인 힘이 있습니다. 말로 설명할 수 없는 힘입니다. 조건과 한계가 없으며, 시간과 공간을 초월합니다.

THINKING BOARD

11

조화로운 내면

위대한 기업가는 외부의 현실이 아닌
자기 내면을 보는 사람입니다.

대중의 틈을 떠나서 고독을 찾는
사람입니다. 생각을 남에게 맡기는 일이란 없습니다. 자기 머리로
스스로 생각하는 사람입니다. 목적지를 위해 깊이 있게 생각하는
사람입니다. 그는 과정을 통해서 통찰력과 영감을 얻습니다. 고요
함을 찾는 사람입니다. 고요함 속에서 지혜가 드러납니다. 자발적
인 고독은 생각할 힘을 부여합니다. 남의 생각을 그대로 수용하지
않습니다. 그는 현상을 좇지 않으며 내면의 현실에 주의력을 쏟아
붓습니다.

외부는 외부에 맡기고 자기 문제에 관심을 기울이세요. 자기 문
제에 관심을 기울이라는 말은 자기가 원하는 것에 집중하라는 말
입니다. 우리는 일종의 자석입니다. 끼리끼리 어울린다는 말처럼

우주의 법칙은 비슷한 것끼리 끌어당기는 것이 법칙입니다. 당신은 의식하지 않아도, 이 법칙에서 벗어날 수 없습니다. 당신은 우주의 일부입니다.

내면을 바라보는 자는 실패하지 않습니다. 그가 우주의 근원과 가까이에 있기 때문입니다. 중심에서 벗어나지 않는 사람에게는 힘이 있습니다. 당신은 무한한 힘과 항상 연결되어 있습니다. 당신은 두려움을 초월한 존재입니다.

모든 힘은 내면에서 나옵니다. 건강, 풍요, 사랑의 본질은 내면에 있습니다. 우주의 정신과 연결된 사람은 힘들이지 않고 살 수 있습니다. 우주의 흐름을 올라타는 사람입니다. 물살을 거스르는 삶은 힘겹습니다. 영감을 통한 행동은 우주의 의식이 하는 행동입니다.

세상에 많이 주는 사람은 많이 받습니다. 우주의 생명이 자기를 통해 흐르도록 하세요. 지혜로운 사람은 내면에서 자기가 필요한 모든 것을 얻으려고 합니다. 머릿속에 자기가 원하는 대상을 구체적으로 그려 보세요. 보는 행위가 아니라 마음에 그리는 행위는 주관적인 행위이기 때문에, 생명력이 충만합니다. 우주의 근원 물질은 우리의 소망을 인식하여 창조력을 가동하기 시작합니다.

내면은 당신이 원하는 것을 얻기 위해 무엇을 해야 할지 알고 있습니다. 우리 안에 무한한 공급원이 있다는 생각은 우리를 창의적인 사람으로 변하게 합니다. 돈을 창조적인 방법으로 벌 때 우리는 사회에 큰 기여를 하게 됩니다. 사랑의 힘은 우리에게 세상에 위대한 가치를 제공하게끔 부채질합니다.

우주의 정신과 연결된 사람은 자기 꿈을 이루기 위해 위대한 원료를 발견한 사람입니다. 자기 안에 위대한 보물이 있다는 사실을 아는 사람은 많지 않은 것 같습니다. 우리는 항상 무언가를 밖에서 찾는 습관이 있습니다. 잠재의식은 우리의 습관적인 마음가짐입니다. 잠재의식을 변화시키려면 반복적으로 긍정적인 생각을 각인시켜야 합니다.

의도적으로 긴장을 풀고, 몸을 이완시키면 우리는 좀 더 수월하게 우주의 정신과 조화를 이룰 수 있습니다. 고요함과 고독은 생각을 시간과 공간을 마련합니다. 우리는 우주의 정신과 하나가 됨으로써 원하는 것을 얻기 위해 무한한 힘을 얻을 수 있고 절대적인 존재가 무엇인지 알 수 있습니다.

우주는 목적지까지 도달할 수 있는 조화로운 방법을 알고 있습니다. 풍요로운 삶을 구체적으로 그리면 풍요로운 현실이 다가올 것입니다. 완벽한 몸의 상태를 그리면 완벽한 건강이 따라옵니다. 외부의 현실은 그림자입니다. 최고를 그리면 우리는 최고가 됩니다.

마음속의 그림은 실체입니다. 생각은 실체이고 실제적입니다. 생각하는 행위는 인생 최고의 사업입니다. 생각을 통해 운명을 바꿀 수 있습니다. 보이지 않는 영역은 실체이자 명백한 사실입니다. 이상은 미래를 현실화시키는 실체입니다.

구하고, 받은 것으로 믿으면 현실화될 것입니다. 역사상 모든 위대한 스승들이 한결같이 한 말입니다. 받은 것으로 믿는 것이 중요합니다. 상상은 최고의 미술 도구입니다. 반복해서 그릴수록 구체적으로 명료해지는 신비한 능력입니다.

인류에 가장 크게 봉사하는 사람이 최고의 부자가 됩니다. 온갖 좋은 것들은 외부에서 얻어지는 것이 아니라, 무형의 근원에서 얻어집니다.

무형의 정신과 가까이할수록 우리는 절대적인 존재가 됩니다. 자유로운 존재가 되는 것입니다. 우리는 조건이나 한계에 매여 있지 않게 됩니다. 물질은 늘 변합니다. 영혼은 언제나 존재하고, 우리 곁에서 영감을 줍니다. 세상을 생겨나게 한 근원은 외부에 있지 않고 내면에 있습니다. 우리의 소망은 강력한 에너지입니다.

진리는 세상을 멀리 여행한다고 얻어질 수 있는 것이 아닙니다. 세상에서 경험하는 모든 일은 상대적입니다. 자기가 절대적인 존재와 하나가 될 때 자연스럽게 지혜와 통찰력을 얻을 수 있습니다. 그러기 위해 우리는 자발적으로 고요함을 찾고, 긴장을 풀어야 합니다.

진리를 얻기 위해 우리는 내면의 힘을 의식해야 합니다. 진리는 물질이나 눈으로 보는 세상처럼 시간에 따라 변하지 않습니다. 조건이나 한계도 없습니다. 진리는 외부의 현실에 영향을 받지 않습니다. 진리와 하나가 될 때 무한하고 초월적인 힘을 발휘할 수 있습니다. 결과적으로 세상에 가장 크게 봉사하게 됩니다. 사람은 육체를 가진 존재이기 때문에 물질 세상에서는 한계를 가질 수밖에 없습니다. 자기가 내면의 영성과 하나임을 알 때, 생각의 힘으로 무한한 영향력을 끼칠 수 있습니다.

자기가 무한하고, 완전하며, 한계가 없는 존재라는 믿음이 중요합니다. 현명한 사람은 외부에 보이는 사실에 관심을 기울이지 않습니다. 원인의 세계에 집중하는 사람입니다. 스스로가 영적인 존재임을 깨닫는 것이 우주의 진리입니다.

인간은 생각을 통해 무형의 근원에 자기 소망을 전달합니다. 인간은 마음속 영상화 능력을 통해 현실화시킵니다. 우리 내면에는 무한한 소망의 원료가 있습니다. 외부의 자본이 없어도 무한 사용할 수 있는 신비한 영역이 존재하는 것입니다.

인위적인 노력은 우주와 연결이 끊어진 상태에서 하는 행위입니다. 생각은 자석입니다. 비슷한 것을 끌어당깁니다. 당신이 걱정거리를 생각하고 있다면 또 다른 부정적인 생각이 꼬리를 잇습니다. 우리는 건설적인 생각으로 부정성을 교체할 수 있습니다.

걱정은 걱정하는 현실을 불러옵니다. 후회는 과거를 반복하게 합니다. 자기가 원하는 대상에 집중하는 것이 지혜의 한 방법입니다. 두려움 대신 용기, 가난 대신 풍요, 질병 대신 건강하고 완전한 모습에 집중할 때 지혜를 얻은 것입니다.

느린 사고는 지혜의 한 특징입니다. 지혜는 중심을 향합니다. 당신에게 지혜가 있다면 모든 것을 얻을 수 있습니다. 지혜는 내면에서 비롯됩니다. 당신이 원하는 모든 것은 외부에서 얻어지는 것이 아닙니다. 당신 안에는 모든 귀중한 보물이 들어 있습니다.

생각은 인생의 위대한 사업입니다. 생각의 힘은 초월적입니다. 위대한 기업가, 작가, 발명가들은 생각의 힘을 우리에게 보여준 사람들입니다. 생각은 모든 경험의 원인입니다. 당신이 눈으로 보이는 현실은 절대적인 사실로 보이지만, 사실은 상대적입니다. 생각에 따라 언제나 변할 수 있는 현실입니다.

연금술은 생각의 힘을 말합니다. 생각은 우주의 정신을 원료로 하는 형틀로 작용합니다. 미래는 생각에 달려 있습니다. 생각의 종류와는 상관없습니다. 우주는 우리가 지닌 생각 자체를 그대로 반영합니다. 당신의 인생을 변화시킬 수 있는 아이디어는 내면에서 나옵니다. 우주의 정신과 연결될 때 우리는 완전한 존재가 됩니다.

무작정 억지로 생각하는 것이 중요한 것이 아니라, 우리가 우주의 일부임을 알고, 영감을 받으려는 자세가 중요합니다. 우주는 자기가 생각한 모습대로 우리를 창조했고, 우리는 우주의 정신과 조화를 이루려고 합니다.

외부의 현실은 상관하지 말고, 자기 이상에 집중하세요. 이상은 실제적인 현실입니다. 이상은 집중과 합쳐져서 현실화됩니다. 우주의 진실은 다양한 시대에 다양한 말로 표현됐습니다.

소원을 이루게 하는 방법을 아는 자는 작은 자아인 우리가 아닙니다. 위대한 우주의 정신만이 소원을 이루는 가장 효율적인 방법을 알고 있습니다. 우리는 그 정신에게 이래라저래라 충고할 수 없습니다. 우리는 단지 창조 과정을 따르고, 명확한 이상을 그려야 합니다.

상상력은 보이지 않는 이상을 현실로 이끄는 도구입니다. 우리가 할 일은 느낌이 실린 강렬한 소망을 우주에 전달하는 일입니다. 방법은 자연스럽게 다가올 것입니다. 우주의 정신은 우리가 무엇을 원하는지 항상 주시하고 결과물을 만들어 냅니다.

우리는 매 순간 생각을 하고 삽니다. 인간은 생각하는 존재입니다. 생각은 그 자체로 창조하는 에너지입니다. 따라서 우리는 매 순간 내면의 생각으로 외부의 현실을 창조하고 있습니다. 자기가 처한 외부 여건을 변화시키기 위해서는 내면에서 원인을 찾아야 합니다. 내면의 세계를 발견한 사람은 소수입니다. 사람들은 외부에서 결과만을 다른 결과로 바꾸려고 하기 때문에 실패합니다.

본질적으로 우리의 일이라는 것은 없습니다. 우리는 소원을 요청하는 것이 일입니다. 영감을 통한 행동은 우주가 하는 행동입니다. 우리는 다양한 출구입니다. 우주의 생명력이 분출되는 통로입니다. 우리는 우주의 일부입니다. 영상을 그리는 일을 소홀히 하지 마세요.

영감에서 벗어나서 인위적인 노력을 할 때 고된 삶이 기다리고 있습니다. 우주는 우리가 깨닫기를 기다리고 있습니다. 우리는 고통을 통해 진리를 깨닫기 시작합니다. 원하는 이상에 집중하는 것이 유일한 일이라는 것을 말입니다. 삶은 힘들며 고생하는 것이 아닙니다. 삶은 즐거운 놀이가 될 수 있습니다. 보이지 않는 영역을 믿는 굳은 신념을 견지하세요.

영적인 영역에서 우리의 소원은 전부 이루어졌습니다. 우주는 영적인 것이 본질입니다. 정신이 존재하기 때문에 눈에 보이는 우주가 존재할 수 있습니다. 영혼이 없으면 아무것도 없는 것입니다. 영혼의 영역에서 우리의 이상이 중요합니다. 구체적인 비전을 그리는 일에 소홀하지 마세요. 눈에 보이는 현실은 결과의 차원입니다.

눈에 보이는 현실이 전부라고 생각하는 어리석음을 범하지 마세요. 영혼이 없으면 육체도 없습니다. 대부분의 사람들이 이를 거꾸로 알고 있습니다. 육체가 있고, 뇌가 있어서 정신이 있다고 생각하는 사람들이 많습니다. 당신이 노력하지 않고도 숨을 쉴 수 있고, 혈액 순환이 되는 것은 영혼이 있기 때문입니다.

내면을 바라보는 사람은 좋은 것을 얻을 수 있습니다. 건강, 부, 사랑 등은 내면에 있는 것을 그대로 반영할 것입니다. 인간은 눈이 있고, 기본적으로 시선이 밖을 향하기 때문에 겉모습에 따라 사물을 판단하려는 본능이 있습니다. 겉모습이 진실은 아닙니다. 일관성 있게 지혜를 구하는 사람은 드뭅니다. 당신이 외부 세계에만 주의력을 쏟고 있는 건 아닌지 점검하세요.

인간은 올바른 생각을 함으로써 모든 위대한 성취를 해낼 수 있습니다. 기회를 알아보려면 그것을 알아보는 지혜를 길러야 합니다. 지혜는 내면에서 길러집니다.

12

무한한 우주의 마음

성공하는 사람은
자기가 원하는 대로 되는 사람입니다.
세상에 성공하는 사람이 적은 이
유는 보이지 않는 힘을 믿는 사람이 극소수이기 때문입니다. 자기
가 원하는 대로 되기 위해서는 소망을 요청하면서 이미 이루어진
것이라고 믿는 것이 중요합니다. 우리는 대부분 보이지 않으면 믿지
않습니다. 보는 대로 믿는 것이 인간이기 때문입니다. 당장 눈앞에
원하는 대상이 없는 현실에서, 자기 소망이 이루어진 것이라고 믿
는 것은 쉬운 일이 아닙니다.

상상 속의 이미지는 미래의 시사회입니다.

진리를 깨달으면 무한한 힘을 얻게 됩니다. 더 이상 노력이나 노
동에 의지하지 않아도 되는 삶이 기다리고 있습니다. 생각을 건설

적으로 사용하는 일이 중요합니다. 우리는 생각으로 현실을 매 순간 창조하고 있습니다. 생각은 비슷한 생각을 끌어들입니다.

우리는 무한한 생명이 자기를 표현하는 도구입니다. 자기 생각으로 무한한 생명력이 다양한 형태로 드러납니다. 진실에서 가까워질수록 삶의 조건이나 환경이 좋아질 것입니다. 조건을 바꾸고 싶으면 내면을 바꿔야 합니다.

생각이 모든 상황의 원인입니다. 당신이 잘못된 상황에 빠져 있다면, 잘못된 생각을 올바른 생각으로 바꿔야 합니다. 눈으로 보는 현실은 상황이자 조건입니다. 상상력은 새로운 미래를 창조하는 도구입니다. 현상을 바탕으로 생각하지 말고, 자기 이상을 견지하세요. 이상은 매우 실질적입니다.

크게 생각할 때 세상에 큰 가치를 전할 수 있습니다. 소중한 가치들은 이미 그 원형이 내면에 있습니다. 우리는 생명력을 드러내기만 하면 됩니다. 진실과 하나가 될 때 절대적인 힘을 발휘하게 됩니다. 생각은 모든 조건을 변화시키는 힘입니다. 창조적인 방법으로 부자가 되는 것이 세상에 가장 크게 봉사하는 길입니다.

인간은 생각에 따라 움직이는 존재입니다. 우주의 정신은 어디에나 존재합니다. 당신은 자기 생각을 주도적으로 선택하는 존재입니까? 진리가 우리를 자유롭게 합니다. 절대적인 고요함 속에 진리에 접근할 수 있습니다. 의도적으로 몸에 긴장을 풀고 고독으로 들어가야 합니다.

내면의 힘을 얻기 위해서는 힘을 의식하는 것이 전부입니다. 우주의 마음에서 모든 것이 비롯됩니다. 우주의 마음은 당신의 내면에도 존재합니다. 생각하는 능력이 우주의 마음에 작용하는 능력입니다. 마음의 과학을 활용하면 원하는 미래를 만들 수 있습니다.

무의식적으로 자기 마음이 표류하고 있지는 않은지 살펴보세요. 당신은 생각의 주인입니까, 노예입니까? 우리는 항상 내부에서 원인을 찾아야 합니다. 외부는 결과입니다. 원하는 것이 이루어진 사실임을 믿는 힘이 신념입니다.

무한한 존재는 그 자체로 절대적이고, 이 우주를 만들어낸 정신이기 때문에, 우리가 원하는 모든 것을 끌어당길 수 있습니다. 좋은 아이디어는 전부 외부가 아니라 우주의 정신에서 비롯됩니다. 외부 세상은 결과의 차원이기 때문에 공급원이 될 수 없습니다.

내면의 세계가 조화로우면, 외부의 현실도 조화롭습니다. 내면의 아름다움은 아름다운 외부 현실을 창조합니다. 외부에서 무언가를 보태려고 하지 마세요. 원인은 항상 내면에 있습니다. 고요함은 우리에게 생각할 여유를 부여합니다. 우주의 정신은 고요하지만, 인간의 생각은 파문을 일으키고, 형상을 만드는 출구로 작용합니다.

우리의 영혼은 완전합니다. 우리의 본질은 영혼입니다. 영혼이 없으면 몸도 없습니다. 영혼에 조건이나 한계가 없고, 질병도 없습니다. 부를 얻는 과정에서 우리는 세상에 봉사를 하게 됩니다. 우주의 마음은 우리 대신, 우리의 소망을 위하여 일합니다. 우리는 물살만 거스르지 않으면 됩니다. 삶은 외부에서 덧붙이는 것이 아니라 내부로부터 드러나는 것입니다.

마음속에 구체적으로 그리는 그림은 현실이 됩니다. 진짜 나는 영적이기 때문에 한계가 없습니다. 그림을 그릴수록 대상은 명확해집니다. 자기가 원하는 결과를 현실로 빨리 만들기 위해서는 반복적인 영상화 과정을 거쳐야 합니다.

생각은 무한함과 유한함, 우주의 정신과 인간을 연결하는 통로입니다. 우리는 마음의 건축물을 짓는 일에 세심한 주의를 기울여야 합니다. 우리는 절대적인 차원에서 생각하고, 조건이나 제약에 대해서는 아무 생각도 하지 말아야 합니다. 모든 생명과 힘은 내부에서 나옵니다.

전지전능한 힘은 어디에나 존재합니다. 생각은 건축물의 재료입니다. 파괴적인 생각은 건축 과정을 방해합니다. 우리는 힘을 의식함으로써 힘을 사용할 수 있습니다. 무한한 힘이 항상 자기 곁에 존재한다는 사실을 인식하는 순간, 두려움이 사라집니다.

무한한 힘이 우리에게 지혜를 줍니다. 지혜로운 사람들은 외부 현상에는 무관심합니다. 보물이 내부에 있음을 아는 사람입니다. 원인을 바꾸려는 사람입니다.

당신은 반복적인 영상화를 통해 바람을 구체적이고, 분명히 해야 합니다. 당신의 외부 현실은 내면의 세계를 반영합니다. 생각이 변하면 조건이 변합니다. 생각이 고차원적이 되고 이것이 언어로 표현되면 생명력이 있게 됩니다.

무한한 지성과 연결됨으로써 자기 보잘것없는 지성과는 비교도 안 될 만한 통찰력과 지혜를 얻을 수 있습니다. 무한한 지성은 당신을 인위적인 노력 없이도 도울 것입니다. 당신은 힘들이지 않고 목적지에 무난히 도달할 것입니다.

확고한 믿음은 무한한 정신이 창조력을 발휘할 수 있게 만드는 힘입니다. 신념의 정도에 따라 소원이 이루어지는 속도가 결정될 것입니다. 우주의 정신은 당신의 간절함을 그대로 반영할 것입니다. 당신이 간절할수록 구체적인 그림을 그리는 빈도수도 증가할 것입니다.

우리 안의 생명은 목표를 이루기 위한 가장 적절한 방법을 알고 있습니다. 당신이 서두르고 있다는 것은 우주의 정신과 연결이 끊어졌음을 의미합니다.

원인을 바꾸면 결과가 바뀌는 것이 과학의 법칙입니다. 생각을 다스린다는 것은 원인을 수정한다는 말입니다. 세상은 결과입니다. 당신의 이상이 원인이 되어 결과가 따라옵니다. 우주의 정신은 만물에 넓게 퍼져 있습니다.

지배적인 생각을 원인으로 하여 한 사람의 성격, 외모, 건강, 재정 상태가 드러납니다. 긴장을 이완할 때 잠재의식이 삶을 이끌게 됩니다. 잠재의식은 우리의 소망을 반영하여 영감을 제공합니다.

깊이 있는 생각은 노동력을 절감합니다. 생각하지 않는 사람은 그만큼 일에 시간을 많이 할애해야 하며, 보상도 적을 것입니다. 걱정은 하나의 생각이고, 생각은 우주의 법칙에 의해 비슷한 대상을 끌어들입니다. 따라서 걱정은 지혜의 부족으로 인한 어리석은 행위입니다.

우주의 정신 속에 가난이란 존재하지 않습니다. 우리는 원하는 것을 단지 마음껏 상상하면 됩니다. 상상에 한계란 없습니다. 당신이 기분이 좋다는 것은 우주의 정신과 조화를 이루었다는 뜻입니다. 당신에게 기분 좋은 일만 생길 것입니다. 내면은 항상 원인입니다.

당신은 지금 이 순간 어떤 생각과 감정을 품고 있습니까? 당신은 매 순간 현실을 창조하고 있습니다. 당신은 환경이나 조건에 지배 받는 수동적인 존재가 아닙니다. 당신은 신비한 힘인 생각으로 우주의 정신을 원료로 하여, 만들어 나가는 존재입니다.

부, 건강, 사랑의 근원은 당신밖에 존재하지 않습니다. 당신 내면 에 모든 보물이 들어 있습니다. 자기 권리를 주장하는 일만 남았습 니다. 당신에 세상에 어떤 가치를 줄 수 있습니까?

절대적인 존재만 생각할 수 있는 여유를 찾으세요. 눈으로 보고 경험하는 모든 것들은 상대적인 것입니다. 그것들은 불안정하고 영 원하지 않습니다. 당신이 실제적이라고 생각하는 객관적인 현실이 야말로 환상입니다. 진정한 현실은 당신 내면의 이상입니다. 당신 은 자기 생각대로 됩니다.

천천히 생각하기는 창의적인 해결책을 내놓습니다. 우주의 의식 은 우리와 하나입니다. 당신의 기분을 보면, 당신이 현재 어떤 상태 인지를 알 수 있습니다. 모든 힘과 치유는 내면으로부터 비롯됩니다. 연약함은 힘과의 단절을 의미합니다. 우주에 질병이란 없습니다. 당신이 어디가 아프다면 우주와의 관계를 다시 점검해 보세요.

당신이 직면하는 현실은 당신의 의식 수준을 반영합니다. 우주 본질은 행복입니다. 행복만이 존재합니다. 당신은 이미 완전한 존재입니다. 자기 소망을 우주에 각인시키세요. 영적인 차원에서 당신의 소원은 이미 이루어졌습니다. 눈에 보이는 것으로 나타나는 것은 결과입니다. 시간의 문제입니다.

의도적으로 호흡에 주의를 기울이세요. 우주의 정신과 교감하는 과정입니다. 자기 마음이 어떻게 작동하는지 아는 것이 자기 운명을 다스리는 지름길입니다. 자기 이상을 아름답게 구축하세요. 외부의 현실은 신경 쓰지 마세요.

인위적인 노력으로 결과를 바꾸려고 하지 마세요. 우주의 정신은 인간의 지성을 초월합니다. 자기 소망만을 굳건히 간직하세요. 대부분의 사람들은 무의식적입니다. 자기 생각을 살피는 사람은 인생을 정복하는 사람입니다.

나라를 다스리는 것보다 자기 마음을 다스리는 것이 어렵다고 하지 않습니까. 우주의 마음은 우리 마음에 끊임없는 영감을 줍니다. 영감이란 고갈되는 일이 없습니다.

세상에 가치를 주는 사람이 그만큼 많이 돌려받습니다. 우리는 완전하고 건강하며 부유하며, 사랑이 넘치는 존재입니다. 당신이 사랑으로 넘치면 세상에 가장 큰 봉사를 하게 됩니다. 당신이 갖고 싶은 것, 하고 싶은 것, 되고 싶은 것 모두를 실현할 수 있습니다. 이 얼마나 놀라운 신비입니까! 당신은 생각으로 연금술을 발휘할 수 있는 것입니다.

걱정과 후회는 비슷한 생각과 현실을 끌어온다는 점에서 바보 같은 짓입니다. 당신이 좋은 현실만 보고 싶다면 자기가 원하는 이상에 집중해야 합니다. 인간은 언어를 통해 우주의 정신에 연결될 수 있습니다. 인간은 영적인 것이 아니면 지속적인 만족을 얻지 못합니다. 물질과 부는 풍요로운 영혼의 결과물입니다.

인간의 가장 위대한 사업은 생각하는 일입니다. 대부분의 사람들은 자기 문제에만 주의력을 쏟습니다. 자기 문제가 아닌, 바라는 이상에 집중하는 하루를 보내세요. 문제에 대한 집중은 문제를 끌어당깁니다.

모든 힘은 내면에서 나옵니다. 외부의 것을 얻기 위해 방황하지 마세요. 자기 이상에 집중하는 사람은 보기 드뭅니다. 대부분의 사람들은 사소한 잡담, 문제에 주의력을 분산시킵니다. 그리고 자기가 불러온 현실에 한탄합니다. 내면의 힘에 대해 무지할 때, 실수와 상실이 닥칩니다.

당신의 내면이 자기 외모를 형성합니다. 내면이 그 사람의 외모에 그대로 드러납니다. 우주의 정신과 연결된 사람은 생기가 넘칩니다. 내면의 건축에 좋은 재료를 쓰도록 해야 합니다. 얼굴은 영혼의 모습입니다. 아름다운 내면의 모습은 아름다운 모습을 드러냅니다.

영혼이 전부입니다. 영성은 가장 실제적인 현실입니다. 대부분의 사람들은 원인은 손보지 않고 결과만을 수정하려고 합니다. 그래서 실패하는 것입니다. 원인을 보기 위해서는 자기의 내면을 주시해야 합니다. 모든 힘은 내면으로부터 나온다는 인식이 우리를 초월적인 힘으로 이끕니다.

우주는 우리를 위해 존재합니다. 우주의 정신은 우리를 이용하여 자기를 표현하고자 합니다. 우주는 자기 힘을 드러냅니다.

생각만이 유일한 실체입니다. 당신이 처한 조건이나 환경은 생각의 그림자일 뿐입니다. 상상력은 미래를 설계하는 소중한 도구입니다. 외부의 소음이나 정보보다 내면의 힘을 활용할 때, 외부의 조건이 개선될 것입니다.

모든 위대한 일이 이루어지기 위해서는 고요함과 고독이 필요합니다. 고요함은 신의 마음입니다. 우주의 정신은 항상 정적 속에 존재합니다. 우주의 정신은 깊고 잔잔한 호수와 같습니다. 조화와 행복은 조화로운 내면에서 발견됩니다.

우주는 인간을 통해 자기를 다채롭게 표현하고 있습니다. 절대적인 존재는 고요하다. 물질 세상에 나타나는 모든 현상은 영원하지 않고 계속 변합니다. 우리는 절대적인 존재와 하나가 될 수 있고, 우리의 소망을 각인시킬 때, 원하는 것을 얻을 수 있습니다.

우리는 마음의 때를 없애고 처음부터 다시 시작할 수 있습니다. 매일 새로운 날입니다. 매일 새로운 기회입니다. 무한한 힘이 당신 내부에 있습니다. 우리는 자기 권리를 주장하면 됩니다. 상상이 우리의 일터입니다.

생각의 힘을 창조력으로 사용하세요. 생각은 근본적으로 창조적입니다. 생각의 종류를 가리지 않습니다. 우리가 무의식적인 생각의 노예가 되는 것이 문제입니다.

13

원인과 결과

우리는 내부에서 가진 것만
얻을 수 있습니다.

겉으로 보이는 아름다움의 원형은
내면에 존재합니다. 바른 생각은 풍요로운 삶으로 드러납니다. 외
적인 환경이 최적이기를 바란다면 내면을 자기 상상력을 동원하여
천국으로 만들어야 합니다. 고요하기 위해서는 신체적으로 평안해
야 합니다. 긴장된 상태에서 영감을 얻기란 힘듭니다. 크게 생각하
고 크게 받으시기 바랍니다. 자기가 생각하는 이상은 무엇입니까?

상상력을 가르치는 교육은 거의 찾아보기 힘듭니다. 우리는 외부
의 지식을 주입받아 왔습니다. 이제는 자기 목소리를 들을 때입니
다. 사회의 소음이 아닌 자기 이상을 생생하게 그려 보세요. 세상
은 당신의 생각을 반영할 것입니다.

꾸준히 실행되는 머릿속 영상은 현실 세계에 분명히 나타날 것입니다. 영상을 믿는 사람은 오히려 현실 세계가 환상처럼 보일 것입니다. 그에게는 영상이 무엇보다 현실적입니다.

영적인 부는 무제한적입니다. 우리는 소유한 그것을 사용할 필요가 있습니다. 풍요를 얻고 싶으면 빚이나 부족이 아닌 풍요에 집중해야 합니다. 위대한 힘을 사용하려면 위대한 힘을 의식해야 합니다.

대중은 일반적으로 말합니다, 불가능하다고. 하지만 당신은 해냅니다. 자신의 생각을 믿는 소수의 사람들만 최고가 됩니다. 이상을 꾸준히 추구하는 사람만이 최고가 됩니다. 우주와 조화를 이루면 당신은 원하는 인생을 살 수 있습니다.

정신적인 습관은 반복적인 훈련을 통해 극복할 수 있습니다. 생각하는 일에 게을리하지 하세요. 생각하지 않으면 당신은 일을 더 많이 해야 합니다. 일을 더 많이 하지만, 보상은 크지 않을 것입니다. 인생 최고의 사업은 바르게 생각하기입니다.

우리가 역경을 겪고 있고, 힘들다는 것은 지혜가 필요하다는 뜻입니다. 역경을 극복할 힘은 내면에서 나옵니다. 내면의 조화로움을 찾는 것이 먼저입니다. 그동안 외부에서 고군분투했던 자기에게 휴식을 주세요.

소망은 사랑의 힘과 합쳐서 강력한 힘을 발휘합니다. 생각에 소홀할수록 비효율적인 삶을 살게 됩니다. 무언가를 세상에 주세요. 그럼 결국 받게 됩니다. 우주의 정신과 연결이 끊어진 삶은 고생하는 삶입니다. 자기 소망을 이루기 위해서는 항상 우주의 힘을 믿어야 합니다.

비판에 대한 두려움으로 자기 아이디어를 숨기지 마세요. 두려움은 가능한 한 빨리 물리쳐야 할 생각입니다. 두려움은 두려운 상황을 몰고 옵니다. 자기가 경험하는 세계는 모두 상대적인 세계입니다. 우리는 절대적인 진리만 생각해야 합니다.

소망을 이루기 위해서는 마음속에서 그림을 그리는 집중이 필요합니다. 진리에 한계란 없습니다. 우리의 생각만이 한계를 갖기 쉽습니다. 무한한 능력이 있음을 스스로 믿어야 합니다.

목표를 생생하게 그리면서 하는 행위에는 힘이 있습니다. 나약함에 근원은 없습니다. 힘이 부재할 뿐입니다. 힘은 의식하면 사용할 수 있습니다.

우주의 정신이 모든 일을 한다는 사실이 신기하지 않습니까? 당신은 지금껏 얼마나 노력에 의존한 삶을 살아왔습니까? 자기 스스로가 모든 일을 떠맡고 있다고 얼마나 많이 생각해 왔습니까. 눈에 보이지 않는 영성은 영원합니다. 영성은 매우 실제적입니다. 우리의 미래를 만드는 실질적인 힘이기 때문입니다. 우리의 소망을 명확히 하고 우주의 힘을 받으면 됩니다.

당신이 어딘가 아프다면 나쁜 생각을 하고 있다는 뜻입니다. 사상을 먼저 점검하세요. 생각이 모든 일의 원인입니다. 성공, 건강, 사랑은 생각에 달려 있습니다. 과학적이고 건강한 생각은 모든 귀중한 열매를 안겨다 줍니다. 자기 스스로 사랑으로 넘치는 존재가 된다면, 당신은 강력한 자석이 될 것입니다.

경험을 통해 행복해질 수 없습니다. 당신은 우주의 근원과 연결됨으로 행복의 비밀을 발견할 수 있을 것입니다. 행복은 내면의 행복이 본질적인 것입니다. 내면이 행복하다면 조건도 풍요로워질 것입니다.

세상의 상식적인 사람들은 일의 결과와 증상에만 손을 대고 있습니다. 얼마나 많은 사람들이 피상적인 삶을 살고 있습니까. 우주는 최대한 당신을 이용하여 생명을 표현하고자 하고, 그 방법을 가장 잘 알고 있습니다. 우주의 정신은 인간의 이성을 뛰어넘습니다. 인간은 그 깊이를 이해하기 힘듭니다.

우주의 영혼은 우리의 행복을 위해 존재합니다. 우주와 연결이 끊어지면 더딘 삶을 살아야 합니다. 우주의 흐름에 거스르는 생각을 하지 마세요. 우리는 쉬운 길을 선택할 수 있습니다. 부정적인 생각은 우주의 흐름에 어긋납니다. 영혼이 없다면 아무것도 없습니다.

반대로 살아가는 지혜가 필요합니다. 세상 사람들은 눈에 보이는 것이 실제적이라고 말합니다. 이상을 믿는 사람들은 영성을 믿습니다. 이상이 가장 실제적임을 직감적으로 아는 사람들입니다. 눈에 보이는 현실은 불안정하고 변하기 쉽습니다. 이상에 집중하는 사람들은 눈에 보이는 현실이 덧없게 보일 것입니다. 당장의 조건이나 환경에 연연하지 말고, 자기가 원하는 현실에 집중하는 지혜가 필요합니다.

집중하는 것은 쉬운 일이 아닙니다. 꾸준한 훈련이 필요합니다. 절대적인 진리만 추구할 가치가 있습니다. 원인을 다스릴 수 있으면 인생을 정복할 수 있습니다.

힘을 의식하는 사람은 드뭅니다. 인생의 중요한 문제는 고독 속의 고요함에서 해결됩니다. 성공하는 사람들은 자발적인 고독과 친합니다. 우주의 정신은 절대적인 사랑, 절대적인 풍요, 절대적인 건강입니다.

인간은 고난을 겪으면서 자기가 무엇을 원하는지 절실히 깨닫게 됩니다. 우주의 마음과 비로소 접하게 됩니다. 절대자를 찾게 됩니다. 절대적인 진리와 마주하게 됩니다. 피상적인 삶, 상대적인 삶에서 벗어나게 됩니다. 덧없는 것에 집착하지 않게 됩니다.

사실을 쫓지 말고 진리를 발견하세요. 진리와 친해지면 당신은 무한한 힘을 얻게 됩니다. 세상을 쫓지 말고 이상을 추구하세요. 몸을 편안하게 하고 고요함을 찾으세요. 무한한 정신은 잔잔합니다. 당신이 찾기만을 기다리고 있습니다. 전선에 전기가 흐르듯, 우주의 정신과 조화를 이루세요.

우주는 당신의 생각에 실시간으로 반응합니다. 몸을 이완해야 지혜가 따라옵니다. 우주는 당신을 절대적인 존재로 만들 수 있습니다. 우주는 무한한 지혜와 영감으로 매 순간 당신에게 노크하고 있습니다.

우리가 얼마나 자주 우주의 정신에 연결되느냐가 중요합니다. 우리가 소망을 간직하면 우주의 힘이 모든 일을 진행합니다. 우주의 정신은 당신을 고생시키지 않습니다. 우주의 정신은 어떻게 우리를 이용해 인류에게 봉사할지 알고 있습니다.

우리는 먼저 자기 안의 온전한 행복이 존재한다는 사실을 깨달을 필요가 있습니다. 당신은 이미 완전한 존재입니다. 상황에 따라 변하지 않는 행복과 풍요의 샘이 내면에 있습니다.

우주의 힘을 의식하는 사람은 힘을 활용할 수 있습니다. 풍요에 집중하는 마음은 풍요를 불러옵니다. 자기 의식에 어디에 쏠리고 있는지 지켜보세요. 삶은 내부에서 드러나는 과정입니다. 결과의 현상만을 쫓는 습관을 버리세요.

우주의식은 매 순간 인간을 통해 자기를 표현합니다. 인간이 가장 고차원적이기 때문에 자기를 좀 더 다양하게 표현할 수 있습니다. 부유한 사람은 우주의 마음과 조화를 이룬 사람입니다. 당신의 소원은 영적인 차원에서 이미 사실입니다.

영상화 능력은 상상력입니다. 원하는 현실을 창조하는 능력입니다. 훈련을 통해 대상은 구체적으로 변하게 됩니다. 마음에 그린 이미지는 현실 세상에 나타나는 시사회와 같습니다. 눈으로 보는 것과 마음에 그리는 것은 전혀 다른 과정입니다. 마음에 그리는 이미지는 생명력이 있습니다.

내면에 아름다운 세계를 구축하는 일이 우리가 해야 할 일입니다. 소망이 전달되면 우주는 자기의 초월적인 힘을 이용하여, 원인을 바꾸기 시작합니다. 외부의 현실은 내면에 그 원형이 먼저 존재했기 때문에 실현된 것입니다.

당신이 원하는 특정 물질을 얻기 위해서는 그에 해당하는 마음을 먼저 내면에 지녀야 합니다. 당신이 먼저 그에 맞는 수준이 되어야 한다는 뜻입니다. 세상은 자기 생각을 반영하는 주관적인 세계입니다. 생각은 우주의 정신이 흘러나가는 통로입니다. 생각은 현실의 강력한 원인으로 작용합니다. 인간은 영적인 존재입니다. 영혼이 전부입니다.

마음의 습관은 잠재의식을 형성합니다. 여기에 좋은 지침이 있습니다. 당신이 눈으로 보는 현실은 습관적으로 결과의 차원이라고 생각하세요. 당신은 더 이상 외부 세계는 신경 쓰지 않게 됩니다. 자기 내면에서 원인을 조정하면 원하는 현실이 생겨나게 할 수 있음을 알기 때문입니다.

신념은 우주의 무한한 힘을 믿겠다는 뜻입니다. 물질 세상은 변하기 쉬운 세상입니다. 영적인 차원만이 영원합니다. 당신은 몸이 사라짐으로써 죽는 존재가 아닙니다. 무한한 우주의 정신은 당신 안에 존재합니다. 당신의 본질은 영혼입니다. 몸을 가진 영혼입니다.

삶은 놀라운 신비입니다. 당신 안에는 놀라운 연금술이 있습니다. 당신이 활용하기만 하면 됩니다. 당신은 더 이상 수동적인 존재가 아닙니다. 당신은 이제 조건, 제약, 환경의 노예가 아닙니다. 이제 인생은 당신이 만들어 나갈 수 있습니다. 현상은 당신의 내면이 원인입니다.

내면에서 이상적인 세계를 구축하는 과정 속에 현실은 조정되기 시작됩니다. 현실이라는 물질 세계에서 자기는 시간과 공간의 범위 속에 움직이는 존재라는 착각을 버리세요. 당신은 시공간을 초월한 영적인 존재입니다. 우주의 정신과 연결이 끊어진 사람은 자기 일로 바쁩니다. 일은 많지만, 결과는 적습니다.

당신에게 이제 편견, 고정관념, 유전자, 인습, 문화에서 해방되고 있습니다. 세상은 당신에게 성공하는 방법을 알려줄 수 없습니다. 성공은 원하는 대로 되는 것입니다. 진정한 성공은 내면의 성공입니다. 내면의 조건이 외부의 조건을 그대로 만들어 냅니다. 영혼만이 유일한 현실이자 실제입니다.

생각하는 힘을 건설적으로 활용하는 훈련을 거듭할 때, 인생을 정복할 가능성이 보이기 시작합니다. 생각은 무한한 근원이 선물한 위대한 힘입니다. 인간은 생각을 통해 자기를 만들어 갑니다. 자기의 현재 조건이 좋지 않다면, 외부의 상황을 손보려고 하기 전에, 내면에서 원인을 찾으시길 바랍니다.

절대적인 진실만 추구할 가치가 있습니다. 외부에 있는 것은 모두 상대적인 것들입니다. 무한한 근원과 연결되는 것은 초월적인 힘을 얻는다는 뜻입니다.

우주가 대신 일하도록 흐름을 타는 과정입니다. 더 이상 노력에 의존하는 삶을 살지 않는 것입니다. 자기가 육체에 불과하다는 환상에서 벗어나는 것입니다. 당신은 자기 소원이 이미 이루어진 사실이라고 생각할 수 있습니까?

이상은 매우 실제적입니다. 당신은 세상의 사람들과 반대로 살아갈 때 지혜를 얻을 수 있습니다. 감각으로 받아들이는 경험을 상대적이라고 생각하는 습관을 들이세요. 당신의 생각이 가장 실제적인 현실입니다.

우주의 정신은 우리를 위해 존재합니다. 우리가 풍요롭고 건강하며, 사랑으로 넘치기를 바라고 있습니다. 역경은 지혜를 위해 필요한 것입니다. 당신은 내부로 관심을 기울이게 됩니다. 이 모든 것이 우주의 뜻입니다. 자기에게 무한한 힘이 있다는 것을 알려주기 위해서입니다.

아이디어와 통찰력은 내면에 집중함으로써 얻을 수 있습니다. 생각은 무한한 정신이 형상으로 나타나는 근본 원인입니다. 마음속 이미지는 반복을 통해 구체화되며, 예리해집니다. 초월적인 힘은 고요하게 머무르고 있습니다. 생각은 고요한 물에 작은 파문입니다.

마음의 힘은 절대적입니다. 이 세상에서 겪는 모든 일은 상대적이고 변화무쌍합니다. 당신은 세상에서 지속적인 만족을 얻을 수 없습니다. 사람은 영적인 것이 아니면, 지속적인 만족을 느끼기 어렵습니다. 인간의 고통은 자기 힘을 깨닫기 위해서 생겨납니다.

무한한 존재가 우리 곁에 항상 머무르고 있다는 사실이 얼마나 놀랍습니까! 우리는 도움을 요청하기만 하면 됩니다. 그 존재가 대신 일해줄 것입니다. 비좁은 조건과 한계에 자기를 가두지 마세요.

내면의 그림을 최대한 아름답게 그려 보세요. 훈련을 통해 그리기 실력이 늘 수 있습니다. 외부에 그림을 그리기 위해서, 먼저 마음속에 이미지가 있어야 합니다. 인생은 생각의 싸움입니다. 항상 자기 내면을 관찰해 보면 알 수 있습니다.

부자가 되기 위해서는 당신의 의식 수준을 풍요에 맞추어야 합니다. 어떤 물질이 나타나기 위해서는 그에 상응하는 정신이 먼저 전제되어야 합니다. 우리는 내면세계에서 먼저 경험한 것을 외부에서 경험합니다.

무한한 정신과 항상 연결되어 있는지 신경 쓰세요. 당신의 인생에 실패란 없을 것입니다. 인간의 지성과는 비교할 수 없는 초월적인 힘이 당신을 최적의 시기와 방법을 가르쳐 줄 것입니다.

인간은 한계를 의미하지만, 우주의 정신은 무한합니다. 짧은 인생에서 무한한 힘을 한 번도 활용하지 못한다면 얼마나 불운한 일입니까. 물질 세상은 한계입니다. 당신은 생각의 힘으로 자기가 원하는 모든 것을 창조할 수 있습니다. 당신 인생의 목적은 내면의 힘을 깨닫기 위해서입니다.

세상을 환상으로 볼 수 있는 지혜가 있습니다. 당신이 만약 현실 세계가 너무 실제적으로 느껴진다면, 아직 의식 수준이 낮다는 뜻입니다. 당신은 보이지 않는 힘을 얼마나 믿고 있습니까? 자기 이상을 매우 실제적으로 생각할 수 있습니까? 자기 소원이 명백한 사실이라고 생각하고 있습니까?

THINKING BOARD

14

생각과 결과

내면과 외부의 관심 비율을 조정하세요.

당신의 마음은 완전합니다. 무한한 마음은 유한한 마음을 물리칩니다. 당신이 무언가를 원한다면 그 생각을 마음으로 그리며 집중을 통해 꾸준히 유지해야 합니다. 무한한 힘은 우리의 소망이 무엇인지 알고 있습니다.

누구나 경험적으로 힘든 시기일수록 절대자를 찾게 됩니다. 절대자는 우리 곁을 떠나지 않는 존재입니다. 절대자에게 의지하세요. 자기 소망을 각인시키세요. 절대자는 우리 내면에 존재하는 무한한 근원, 즉 우주의 마음입니다. 잠재의식이라고 불리기도 합니다.

두려움은 항상 두려운 상황을 현실에 만들어냅니다. 걱정도 마찬

가지입니다. 긍정적이고 건설적인 생각으로 파괴적인 생각을 대체하는 습관이 필요합니다. 무한한 정신과 연결될 때 이 과정을 쉽게 진행할 수 있습니다. 상상력은 실제적입니다. 생각은 모든 것에 영향을 미칩니다. 생각에 따라 자기 감정과 육체 반응이 변하는 것을 스스로 느낄 수 있습니다.

스트레스는 파괴적인 생각이 우리 몸에 퍼지는 현상입니다. 당신의 조건을 바꾸고 싶으면 근본 원인인 생각을 바꾸면 됩니다. 이것보다 명백한 해결책은 없습니다. 의사들은 당신의 몸을 보고 이러저러한 병명을 내릴 것입니다. 그들은 증상, 즉 결과만 보고 치료하려고 합니다. 습관의 이면에는 생각이 있습니다. 잠재의식은 반복된 생각의 결과입니다.

영적으로 진화하는 사람은 자기 환경도 개선되는 경향이 있습니다. 부유하고 건강한 사람들은 영적으로 건강한 사람들입니다. 당신은 영적으로 이미 완전한 존재입니다. 당신의 파괴적인 생각만이 무한한 근원과의 연결을 잊게 합니다.

조화로운 내면은 조화로운 외부의 현실을 불러옵니다. 환경은 결과의 차원입니다. 당신의 생각이 좋은 환경을 불러옵니다. 생각을 다스리는 무엇보다 어려운 일이긴 하지만, 운동처럼 훈련을 통해 쉬워질 수 있습니다.

성공은 지금 이 순간의 의식 수준에 달려 있습니다. 부, 건강, 사랑을 유지하려면 그에 걸맞은 의식 수준을 유지해야 합니다. 절대적인 세상은 결코 우리를 실망시키지 않습니다. 우리는 통로에 불과합니다.

생각은 인간에게 주어진 귀중한 능력입니다. 우주의 관점에서 생각은 생명이 발산되는 통로입니다. 고요함은 모든 위대한 일이 일어나기 위한 전제조건입니다.

소망은 고요한 마음에 돌을 던지는 하나의 파문입니다. 강력한 행동양식이자 에너지입니다. 고요한 우주의 정신이 움직이게 하는 원동력은 우리의 소망입니다.

우리는 어린 시절 이후로 마음 깊은 곳의 연금술을 망각해 왔습니다. 무언가를 성취하는 사람들은 자기 이상을 꾸준히 견지하는 사람들입니다. 원인과 결과라는 과학적인 사고방식을 유지한 사람들입니다.

생각을 건설적으로 사용하는 사람은 발전하는 사람입니다. 발전은 다른 사람에게도 전염됩니다. 우리는 하나의 마음을 공유하고 있기 때문입니다. 생명이란 발전은 당연한 욕구입니다. 발전하려는 욕구는 외부 현실에 그대로 반영됩니다.

영적인 것만이 영원한 가치를 지닙니다. 고독은 우리에게 무한한 영감을 안겨다 줍니다. 우리는 더욱 자주 홀로 있는 시간을 가져야 합니다. 홀로 있는 시간은 인간이 아니라 무한한 정신과 만나게 해 줍니다.

이상이 없는 인생은 생명력이 없는 인생입니다. 이상을 믿는다는 것은 우리 안의 전지전능한 힘을 믿겠다는 뜻입니다.

모든 생명의 힘은 내면에서 나옵니다. 우리를 치유할 힘도 내면에 있습니다. 외부의 현실은 신경 쓰지 말고 내면의 현실에 집중하세요. 당신이 어려운 상황에 처해 있더라도 그에 대한 걱정과 후회를 계속 반복한다면, 걱정하는 상황이 따라올 것입니다.

성공은 자기가 원하는 이상대로 되는 것입니다. 우리는 무엇보다 생각을 신중히 해야 합니다. 신중히 하기 위해서는 고독이 필요합니다. 진리는 다양한 말로 전해질 수 있습니다.

하나의 생각에 집중하기란 여간 어려운 일이 아닙니다. 무한한 근원은 고독의 친구입니다. 당신이 만약 혼자 있더라도 결코 혼자 있는 것이 아닙니다.

생각만큼 현실적인 것은 없습니다. 우리의 외부에서 오는 것은 영원하지 않습니다. 모두 왔다가 사라집니다. 모든 힘이 내부에서 온다는 사실을 인식할 때 우리에게 용기가 솟아오르기 시작합니다. 용기는 두려움을 물리칩니다. 두려움은 가난의 의식입니다.

모든 생각은 우주의 정신에 신호를 보냅니다. 악은 파괴적인 생각이 드러나는 현상입니다. 우주는 가장 적절한 방법과 시기를 알고 있습니다. 자기가 원하는 바를 구체적으로 정하시기 바랍니다. 모호하고 불분명하면 각인시키기 어렵습니다.

절대적인 삶은 위대한 삶입니다. 고요함은 위대함을 낳습니다. 이상주의자는 세상에 발전을 가져옵니다. 그 사람은 다른 사람들에게 자극을 주고 영감을 제공합니다.

고요함은 우주의 정신과 연결되기 위해 필수적입니다. 자기 소망을 구체적으로 정하세요. 우주의 정신은 우리 대신 일을 합니다. 통찰력은 내면에서 기를 수 있습니다. 외부의 현실이란 내면을 반영하기 마련입니다. 세상은 일종의 관념입니다. 세상은 당신의 생각을 반영해서 돌아가고 있습니다.

생각을 건설적으로 사용하는 사람들은 자기 운명을 통제하는 사람입니다. 세상은 생각의 힘에 의해 돌아가고 있습니다. 생각은 실제이기 때문에 끌어당김의 힘이 작용합니다. 당신은 내면에 연금술을 가지고 있습니다. 생각은 비슷한 생각을 끌어당깁니다. 긍정적인 생각이 긍정적인 현실을 가져오는 것은 당연한 일입니다. 우리가 중력의 법칙, 전기의 법칙이 정확히 어떻게 작용하는지는 몰라도, 그 법칙에 대해 의심하지는 않습니다. 과학적인 생각의 끌어당김은 자연의 법칙이라 똑같이 예외를 두지 않고 작동합니다.

무한한 근원은 우리에게 무한한 힘과 기회를 줍니다. 절대적인 존재와 친해짐으로써 무한한 힘을 발휘할 수 있습니다. 절대적인 존재가 우리 대신 일한다는 사실을 깨달을 수 있습니다. 평안함은 우리에게 무한한 에너지를 줍니다.

소망은 무한한 정신에 신호를 보내는 일입니다. 우주의 정신은 소망과 필요에 응답합니다. 우주의 자원은 무한합니다. 눈에 보이는 우주는 보이지 않는 근원에서 생겨났습니다. 눈에 보이는 공급만 보지 마세요. 정신은 생명을 끊임없이 만들어냅니다. 정신 자체가 생명이고, 보이는 현상으로 자기를 표현하고자 합니다.

내면에 집중하면 통찰력, 지혜, 영감을 모두 얻을 수 있습니다. 절대적인 힘에 연결되면 조건과 한계가 없는 존재로 거듭날 수 있습니다.

생각은 우주의 정신에 파문을 일으킵니다. 힘을 의식하는 것이 힘을 사용할 수 있는 비결입니다. 생각은 사람을 형성합니다. 소망은 높은 주파수입니다.

대부분의 사람들은 자기를 우주라는 커다란 공간에서 분리된 하나의 개체라고 생각합니다. 우주의 마음은 하나입니다. 우리의 존재는 생각의 결과입니다. 미래도 우리의 생각을 반영할 것입니다. 사실 미래도 하나의 관념입니다. 오직 현재의 생각만 있습니다.

조건이나 환경은 특정한 생각의 결과입니다. 눈에 보이는 것은 모두 결과의 차원이라고 생각하면 마음이 편합니다. 자기 내면세계만 관리하면 되기 때문입니다.

당신은 조건이나 한계가 없는 존재입니다. 당신의 본성은 완전한 무한한 대양입니다. 스스로 마음에 한계를 만들지 마세요. 우주는 그 자체로 무한한 부입니다. 인간만이 스스로 한계를 만듭니다. 한계는 파괴적인 생각으로 만들어집니다. 우주의 정신은 무한한 자유, 무한한 풍요입니다. 우주의 정신과 연결되는 습관은 우리가 소망을 달성하는 초월적인 힘을 안겨다 줍니다.

세상을 살아가는 데 필요한 지혜는 모두 내면에서 나옵니다. 우리는 원하는 것에 집중하는 연습을 해야 합니다. 힘을 의식할 때 힘을 사용할 수 있습니다. 마음속의 이상이 가장 실제적으로 느껴지는 시점이 있습니다. 부는 풍요로운 마음을 따릅니다. 우주는 절대적인 풍요로움입니다. 자기가 바라는 바를 구체적으로 정하세요.

방법은 우주의 정신이 알고 있습니다. 유한한 존재인 인간은 우주에 충고할 수 없습니다. 초월적인 지성이 당신을 안내할 것입니다. 무한한 정신에 접근할 수 있는 통로는 우리 안에 있습니다.

내면은 항상 원인입니다. 외부세계가 아닌 내면을 꾸준히 주시하는 사람은 드뭅니다. 명확한 목표는 우주의 정신에 명확한 메시지를 전달합니다.

소원은 이미 영적인 차원에서 이루어졌음을 믿으세요. 믿음은 보이지 않는 것에 대한 증거입니다. 생각은 우주의 정신이 자기를 특정한 모습대로 표현하는 기준이 됩니다.

우주의 정신이 당신을 통해 흐르도록 하세요. 당신의 소망을 우주에 각인시키세요. 우주는 당신의 소망이 가장 적절한 시기에 적절한 방법으로 이루어지도록 이끌 것입니다. 방법은 당신이 신경 쓰지 않아도 됩니다.

우주의 정신이 항상 우리 곁에 존재한다는 것은 놀라운 신비이자, 기적입니다. 당신은 자유롭게 생각할 수 있고, 자유롭게 창조할 수 있습니다.

영혼이 없으면 아무것도 없습니다. 영혼은 생각하는 것이 일입니다. 우리는 생각을 통해 자기가 원하는 여건을 만들 수 있습니다. 외부는 내면을 그대로 반영하는 거울입니다. 어떤 여건이 있기 전에 그에 맞는 마음가짐이 먼저 존재해야 합니다.

우주의 마음은 완전합니다. 우주의 마음은 영혼입니다. 우리의 본질도 영혼입니다. 우리는 완전한 존재입니다. 크기만 다를 뿐 본질은 같습니다.

자기 이상을 아름답게 그리면 현실은 자기 이상에 따라 조건이 변하기 시작합니다. 항상 완전한 내면이 먼저입니다. 우리가 절대적인 존재와 하나임을 인식할수록 한계를 덜 느끼게 됩니다.

세상은 자기 모습을 그대로 반영합니다. 우리가 태어나서 할 일은 내면의 무한한 정신을 깨닫고, 우리의 소망을 각인시키는 것입니다. 일은 우주의 정신이 초월적인 지성을 통해 잘해 나갈 것입니다.

우리가 내면의 힘을 깨달을 때까지 어려움이 계속 닥쳐올 것입니다. 내면의 힘을 깨닫는 일은 영적인 일입니다. 우리가 무한한 존재임을 인식하는 일입니다.

삶은 우리 자기를 통해 표현되고 있습니다.

마음속의 그림은 구체화를 통해 우주의 정신에 각인됩니다. 꾸준한 훈련만이 현실화할 수 있습니다. 우리 내면의 상상력을 믿지 않을 때 고된 일상만이 기다리고 있을 것입니다. 소망은 강력한 행동양식입니다. 시간은 환상입니다. 과거와 현재와 미래가 하나임을 알 때, 우리의 소망도 이미 이루어졌음을 깨닫게 될 것입니다. 당신이 영적으로 진화하는 정도에 따라, 영적인 지식을 이해하는 정도도 개선될 것입니다.

상상력은 누구나 발휘할 수 있는 능력입니다. 상상력은 우리의 소망을 현실화시키는 연금술입니다. 소망은 이미 현실입니다. 우리의 생각이 무엇보다 실제적이기 때문입니다. 인생은 영원한 현재입니다. 진리에 대한 지식은 두려움을 물리칩니다.

편견과 고정관념은 한계와 조건을 의미합니다. 우주의 정신에 한계란 없습니다. 깊고 고요한 마음입니다. 당신의 소망을 생각하는 것은 일종의 영상화 작업이 필요합니다. 우주의 정신을 매 순간 인식하고 있다는 것은 당신이 우주와 조화를 이루고 있다는 의미이며, 더 이상 환경의 노예가 아니라는 뜻입니다.

자기의 진정한 힘을 아는 사람들은 별로 노력하지 않아 보이는 데, 원하는 사람과 물질을 끌어당깁니다. 우주는 끼리끼리 모이는 끌어당김의 법칙이 작용하고 있습니다. 한계가 없음을 진정으로 느끼는 것을 통해 우리는 새로운 소망과 희망을 마음에 품을 수 있습니다. 우주의 공급은 무한합니다.

올바르고 과학적인 사상은 훌륭한 삶으로 안내합니다. 우리는 힘들이지 않고 살 수 있습니다. 우주의 관점에서 봤을 때, 우리는 하나의 도구입니다. 우주의 정신은 각 개인을 통해 자기를 표현하고자 합니다. 우리의 소망의 성격에 따라 다양한 모습으로 나타납니다.

외부의 지식이 중요한 것이 아닙니다. 생명력이 있는 영적인 진리가 우리에게 통찰력과 영감을 줍니다. 모든 훌륭한 것은 내면에서 나옵니다. 소망은 이미 현실에 존재합니다. 영적인 진리는 우리에게 소망이 시간 순서에 따 진행되는 것이 아니라고 말해줍니다.

외부에서 얻는 것은 항상 내면에 존재하기 때문에 가능합니다. 아름다운 내면은 그대로 현실로 나타납니다. 생생하게 마음속으로 보는 능력은 원하는 것을 현실화시키기 위해 필수적인 과정입니다. 사실을 많이 하는 것은 중요하지 않습니다. 사실에 대한 통찰력이 중요합니다.

대부분의 사람들은 깊이 생각하지도 남의 생각을 그대로 받아들이며, 상황의 노예입니다. 그들은 사실을 좇습니다. 외부의 현실에만 관심을 기울입니다. 눈에 보이는 현실이 가장 실제적이라고 생각하는 사람들입니다. 자기 이상에 충실하지 않습니다.

우리가 경험하는 모든 일은 결과이자 상대적인 것들입니다. 영원하고 절대적인 것만이 추구할 가치가 있습니다. 인간은 한계를 의미하지만, 우주의 정신은 영원합니다. 눈에 보이는 현상은 항상 변하며 영원하지 않습니다.

세상 사람들은 결과만을 손보려고 합니다. 하나의 고뇌가 다른 고뇌로 바뀌는 문제 해결 방식입니다. 우리는 원인에 관심을 기울여야 합니다. 원인은 내면세계에 존재합니다. 눈에 보이는 현실이 결과임을 알고, 원인을 꿰뚫어 보려는 사람은 드뭅니다. 눈으로 보는 외형은 기만적입니다. 진실은 항상 보이지 않는 영역에 존재합니다. 지구는 평평하지 않고, 하늘은 천장이 아닙니다.

현실은 순간이 아닌 지배적인 마음가짐을 반영합니다. 우주의 마음은 항상 평온하게 일을 처리합니다. 우주의 정신은 우리의 지성을 초월합니다. 우리는 그 마음에게 지시를 할 수도 없고, 예측할 수도 없습니다. 고요하게 멈출 때 우주의 마음과 연결될 수 있습니다. 우리는 생각을 통해 창조를 할 수 있습니다.

소원을 이루는 데 있어서 시간은 환상으로 작용합니다. 소원은 이미 우리 곁에 와 있습니다. 초월적인 힘과 연결되면 우리는 초월적인 존재가 됩니다. 바른 생각은 생명력이 있습니다. 영적인 힘과 연결되는 생각은 생명력을 갖습니다.

결핍, 질병 등은 우리가 지혜를 찾기 위해 필요한 과정입니다. 진리는 모든 거짓을 물리치는 위대한 힘이 있습니다. 진리와 연결된 사람에겐 두려움과 걱정이 없습니다. 생각과 사랑이 결합하면 무한한 힘을 발휘하게 됩니다.

사랑은 의식의 상태입니다. 행복도 의식의 상태입니다. 물질은 결과의 차원이고, 특정 물질을 갖기 위해서는 그 물질에 걸맞은 의식 상태를 유지해야 합니다. 신체를 평안하게 유지하면 우리는 비로소 생각을 건설적으로 할 힘이 생깁니다.

무한한 근원은 자기 생각에 따라 우주를 창조했습니다. 오랜 세월을 거쳐 인간이라는 현상도 창조했으며, 인간은 위대한 생각이라는 도구를 통해 근원에 연결되고 있습니다. 인간은 더 이상 수동적인 존재가 아니라 건설적인 생각을 통해 자기가 원하는 여건을 불러옵니다.

인간의 생각은 우주의 정신에 방법을 충고할 수 없습니다. 우주의 정신은 우리의 지성을 뛰어넘습니다. 우주는 인간에 의해 아주 작은 영역만 발견되었습니다. 그리고 우리는 아주 작은 능력만 발휘하고 있습니다. 더 많이 요구할수록 더 많이 얻을 수 있습니다.

우리는 자기 의식 수준과 비슷한 것을 끌어당깁니다. 자기가 원하는 것을 얻기 위해서는 그에 걸맞은 생각을 해야 합니다. 자기 마음 상태를 점검하는 것이 우선되어야 할 일입니다.

'소망이 이미 이루어졌음을 믿어라'는 말은 매우 영적인 말입니다. 이해력은 자기 의식 수준에 달려 있습니다. 항상 중요한 것은 우리의 의식 상태입니다. 행복은 마음의 상태입니다.

우리가 해야 할 일은 생각으로 원하는 바를 확실히 하는 것이고, 우주의 근원은 자기 할 일을 자연적으로 처리해 나갑니다. 우주의 정신과 연결됨은 무한한 풍요에 접속한다는 뜻입니다. 우리는 생각에 필요한 무한한 원료를 얻는 것입니다.

자기가 원하는 삶을 살기 위해서는 무엇보다 생각을 통제해야 합니다. 우리는 무한한 근원이 만든 세상에서, 인간이 생각으로 통해 만든 문명 세계에 살고 있으며, 생각으로 자기가 원하는 바를 추구해야 합니다.

집중은 어떤 대상에 주의력을 지속하는 것입니다. 집중은 일종의 헌신입니다. 자기가 원하는 것이 마음속에서 잊히지 않게 하는 것입니다. 잠재의식은 당신의 절실한 소망을 이미 알고 있습니다. 매 순간 기도를 드릴 필요는 없습니다. 소망이 각인된 순간부터 일은 자연스럽게 진행될 것입니다. 당신이 소망하는 모든 것이 이미 이루어진 사실이라고 생각한다면, 생각의 창조력이 발휘되기 시작합니다.

두려움은 가장 끈질긴 적입니다. 우리는 무한한 근원의 도움을 받아 이 적을 무찌를 수 있습니다. 얼마나 쉽습니까. 당신은 생각의 힘만 발휘하면 됩니다. 노력을 통해 무엇을 이룰 수 있다고 생각하지 마세요. 가장 중요한 일은 우주의 근원과 연결되어, 생각하는 일입니다.

이 세상은 보이지 않는 마음의 힘에 의해 작동되고 있습니다. 세상이 돌아가는 중요한 원인은 심리적인 것입니다. 누군가는 생각을 통해 틀을 만들고, 누군가는 그 틀 속에서 움직입니다. 당신은 생각의 주인입니까, 상황의 노예입니까? 당신이 평상시 스스로 생각하고 있는지 살펴보세요. 남이 대신 생각해 주는 건 아닌지 스스로에게 물어보세요.

위대한 힘과 능력을 찾기 위해 사람들이 밖으로만 향하는 것이 놀랍지 않습니까? 자기에게 필요한 것이 가까이 있는데도 불구하고, 활용하지 못하는 것이 얼마나 아쉽습니까. 당신에게 제약이 있다고 생각하는 순간 처음부터 고요함 속에 다시 시작하는 습관을 들이세요.

우리는 다양한 소망을 가짐으로써 우주에 자기 권리를 주장할 필요가 있습니다. 조건과 한계를 생각하는 버릇을 버리세요. 우주의 근원은 무한하고 초월적이기 때문에 어떤 일이든 다 해낼 수 있습니다. 이 우주를 만들어낸 것도 정신이 있었기 때문에 가능한 것입니다.

생각은 그 결과 행동으로 드러나고 그 결과 인격을 형성합니다. 인격을 잠재의식이라 말하기도 합니다. 사람들은 결과의 차원만 관심을 가지며, 피상적인 인생을 살아갑니다. 원인을 손보지 않으면 운명을 극복할 수 없습니다.

영상화 능력은 창조 과정입니다. 이것은 마치 보이지 않는 정신이 우주를 만들어낼 때 행한 과정과 비슷합니다. 우리는 우주의 아주 작은 부분밖에 보지 못합니다. 감각기관에는 근본적으로 한계가 있습니다. 우리 내면에서 우주의 본질과 창조 과정을 깨달을 수 있습니다. 그 과정은 당신의 환경을 바꾸는 데 큰 공헌을 할 것입니다.

우리의 정신은 심연에 빠질 때 가장 적절한 방법과 시기를 알게 됩니다. 조화로운 마음가짐이란 무한한 정신의 영역을 인지한다는 뜻입니다. 자기 생각에 수동적으로 휩쓸리지 않고, 주도적으로 생각을 선택한다는 뜻입니다. 조화로운 마음은 조화로운 조건을 불러옵니다.

우리가 지혜를 완전히 흡수할 때까지 어려움과 고난은 계속 찾아올 것입니다. 지혜를 얻는다 함은 자유를 의미합니다. 우리에게 한계가 없음을 아는 순간부터 인생을 즐길 수 있습니다. 가볍게 우리가 할 일을 최소한만 하면 되는 것입니다.

인생은 생각보다 어렵지 않습니다. 우리가 할 유일한 일은 아름다운 이상을 완벽하게 만드는 일입니다. 방법을 알아내는 일에 고심하지 않아도 됩니다. 우리 뒤에는 든든한 버팀목이 있습니다.

우리의 욕망은 잔잔한 마음에 일으키는 하나의 행동입니다. 몸을 움직이는 것만이 행동이 아닙니다. 생각도 행동입니다. 생각은 가장 많은 일을 합니다. 생각은 운명을 바꿀 수 있습니다. 상상력을 미래를 짜나가는 과정입니다. 고요함에 익숙한 것은 운명을 통제하는 지름길입니다.

생각이라는 도구를 이용해 인생은 만들어 나가는 것입니다. 말의 힘은 생각의 힘에 좌우됩니다. 건설적인 생각에는 힘이 있습니다. 잠재의식은 우리의 소망이 이루어지도록 초월적인 힘을 발휘합니다.

객관적 사물이 아닌 마음속 이미지는 자기에게 강력한 힘을 발휘합니다. 마음속 이미지는 정지된 것이 아니라 동적인 에너지입니다.

내면의 세계는 스스로 통제할 수 있습니다. 외부의 세계에 소중한 주의력을 쏟지 마세요. 당신은 내면에서 이상을 건설할 수 있습니다. 두려움은 우리가 하루빨리 던져 버려야 할 가난의 의식입니다. 창조하는 사람은 자기가 원하는 삶을 삽니다.

가능하면 일과의 모든 시간을 고요하게 유지하세요. 신체를 편안히 유지하고 자기가 원하는 생각에 집중하세요. 생각이 가장 강력한 일입니다. 당신은 누구보다 부지런한 사람으로 거듭납니다.

소중한 무언가를 갖기 위해서는 그에 맞는 의식 수준을 갖춰야합니다. 그런 존재가 되어야 합니다. 우리는 그런 존재가 되어야만 원하는 모든 것을 끌어당길 수 있습니다. 의식 수준을 높여서 자석이 되어야 합니다.

최고를 지향하는 뜻을 갖는 데 주저하지 마세요. 당신 스스로 모든 일을 해나갈 필요가 없습니다. 당신의 생각이 고양되고, 의식 수준이 높아진다면, 상황과 여건은 그에 맞게 개선될 것입니다. 생각을 바꿈으로써 삶의 상황을 바꾼다는 사실이 얼마나 놀라운 진실입니까.

생각은 자기가 원하는 것을 끌어당길 수 있습니다. 중력의 법칙처럼 이것은 명백한 진실이자, 자연법칙입니다. 생각은 비슷한 생각과 현실을 끌어당깁니다. 자기 생각을 유심히 살펴보면 누구나 증명할 수 있는 법칙입니다.

최고의 것에 관심을 기울이면 우리는 최고가 됩니다. 우리 안에 상상할 수 없는 원인을 조작하는 잠재의식이 존재함을 믿게 되면, 해내지 못할 일이란 없게 됩니다. 잠재의식은 우주의 정신과 크기만 다를 뿐이지, 기본 속성은 같습니다. 이 우주를 만들게 한 우주의 정신을 적극 활용하게 되는 것입니다.

고요함은 무한한 우주 정신의 특징입니다. 우리는 이 마음의 아주 일부분만 사용하고 있습니다. 인간의 일생에서 얼마나 드물게 이 정신을 사용하고 있습니까? 제가 말하는 사용은 긍정적이고 건설적인 사용을 말합니다. 우리는 주로 유전과 환경, 습관적 사고에 의해 이 정신에 수동적으로 이끌림을 당합니다. 모으려는 마음가짐은 부를 끌어당깁니다. 빚이나 부족에 대해서는 잊으세요. 풍요에 집중하는 습관을 가지세요. 세상은 당신의 마음가짐을 그대로 반영합니다. 사실보다 자기 마음속의 영감을 믿으세요.

인류의 대다수는 잠재의식의 엄청난 영향력에 대해 무지합니다. 자기 상황에 따라 수동적으로 휩쓸리는 사람들이 많습니다. 성공적인 기업가들은 자발적으로 고독을 찾음으로써 생각을 바르게 하려는 데 초점을 맞춥니다.

과도한 노동은 마음을 피폐하게 합니다. 우리는 인생을 창조적으로 꾸려 나가지 못할 때 절망합니다. 자기가 원하는 삶을 산다는 것은 인간이라면 당연한 권리입니다. 주의력의 집중은 원하는 것을 얻는 비결입니다.

내면의 힘을 활용하는 법을 깨닫는 사람은 인생을 정복한 사람입니다. 인생은 생각을 끊임없는 싸움입니다. 한쪽에는 건설적인 생각, 나머지는 파괴적인 생각입니다. 원하는 것에 집중하기 위해서 의지력을 사용해야 합니다.

우리는 삶 자체가 기도가 되어야 합니다. 한순간이 아닌 하루의 지배적인 마음가짐이 미래의 설계도가 됩니다. 근육을 이완시키고 조용한 장소를 찾아서, 편안한 시간을 갖도록 하세요. 외부가 아닌 내부에서 상상력으로 일을 하기 시작할 때, 큰 힘 들이지 않고도 원하는 것을 얻을 수 있습니다.

대부분의 사람들이 남이 생각한 현실의 틀 안에서 움직입니다. 진정한 의미에서 그것은 부지런한 삶이 아닙니다. 진정한 삶은 생각의 부지런함이 있는 삶입니다. 당신이 가장 먼저 배워야 할 것은, 특정 기술도 아닌, 취업도 아닌, 생각하는 법입니다. 생각을 바르게 한다는 것은 인생을, 운명을 통제한다는 뜻이기 때문입니다.

진정한 나는 영혼이기 때문에 완벽하지 않을 수 없습니다. 외모와 행동은 생각의 결과일 뿐입니다. 우리가 삶에서 체험하는 모든 것은 자기 생각의 결과입니다. 자기 삶을 통제하고 싶으면 생각을 바꿔야 합니다. 건설적이고, 긍정적인 생각은 절대 실패할 수 없습니다.

우리가 무한한 정신과 연결될 때, 잠재력을 최대한 끌어올릴 수 있습니다. 당신이 원하는 현실은 생각의 그림자입니다. 자기 의식 수준이 행복과 성취를 결정합니다. 무엇을 하는 게 중요한 것이 아니라, 어떤 의식 수준으로 하느냐가 중요합니다. 삶의 깊이가 성공을 결정할 것입니다.

당신의 의식이 부의 의식이라면, 큰 부를 끌어올 수 있습니다. 우주의 부는 무한합니다. 우주의 정신 자체가 무한이기 때문에 우리는 공급량을 걱정하지 않아도 됩니다. 의식은 삶을 결정합니다. 항상 내면을 먼저 신경 쓰세요.

대중들은, 사실, 사건, 결과, 외양에만 주의를 기울이기 때문에, 자기 이상에는 그만큼 관심이 적습니다. 그리고 상황의 결과로 전락하는 경우가 많습니다. 무한한 존재는 우리의 소망을 위해 상상하기 힘든 원인을 조정합니다.

뛰어난 사람들은 자기 수준과 맞는 것을 끌어당깁니다. 위대한 사건, 위대한 생각, 위대한 물건, 위대한 자연을 마구 끌어당깁니다. 비슷한 것들은 서로 모입니다. 이 위대한 자연법칙에서 벗어날 수 있는 사람은 없습니다. 우리는 이 위대한 우주의 진리를 적극 활용해야 합니다.

삶은 어려운 것이 아닙니다. 즐거운 놀이가 될 수 있습니다. 우리가 인생의 원칙을 훈련을 통해 숙달할 수 있다면, 삶은 놀라운 신비이자 놀이가 됩니다. 여러 해 동안 노력해 봤지만, 별 소득이 없다면, 당신은 우주의 정신과 조화를 이루지 못한 것입니다.

지혜로운 사람은 최고의 사물과 생각에만 관심을 둡니다. 그는 매 순간 발전하는 삶을 삽니다. 그는 자기 이상을 아름답게 만드는 것이 무엇보다 중요한 일이라고 알고 있습니다. 스스로 생각하는 사람은 자기가 원하는 모든 것을 얻을 수 있습니다.

걱정과 두려움은 가난한 사람들의 지배적인 의식입니다. 가난한 생각은 가난을 불러옵니다. 우주의 마음에 가난이란 없습니다. 자연은 항상 풍요롭습니다. 이 우주의 정신과 조화를 이룰 수 있다면 누구나 부자로 거듭날 수 있습니다.

정신이 있기에 우주가 있습니다. 자기 삶을 점검하기 위해서는 생각을 철저하게 점검해야 합니다. 중요한 것은 당신의 삶의 여건이나 상황이 아닙니다. 외부의 현실은 놔두고 당신의 이상만을 구체적으로 그려 나가시길 바랍니다.

백 년도 살기 힘든 유한한 존재인 인간이 무한한 정신의 힘을 빌리지 않은 채 살아가는 것이 얼마나 안타까운 일입니까. 유한한 인간은 무한한 우주에 충고할 수 없습니다. 다만 우리는 우주의 진리에 순응하고, 생각을 통해 자기 바람을 현실화할 수 있습니다.

15

확실한 원인

우주의 마음은 하나입니다.

우리의 소망은 이미 곁에 완성된 채로 있습니다. 영적인 차원을 깨닫는 수준으로 자기를 끌어올려야 합니다. 보이는 것이 유일한 현실이라고 생각하는 오랜 습관에서 벗어나야 합니다. 당신은 풍요, 건강, 사랑에 집중하는 습관을 가져야 합니다. 당신의 본질은 완전입니다.

자기 스스로 한계를 긋는 오랜 버릇은 하루빨리 수정되어야 합니다. 지금 이 순간 우주의 힘을 인식하고 있습니까? 위대한 성취를 이루기 위해 무엇보다 절실한 일입니다. 사실 미래란 인간의 관념입니다. 미래는 우리 옆에 와 있습니다. 당신의 현재 의식 수준이 현재이자, 미래입니다. 소망이 이미 성취된 것임을 믿는 것은 시간의 환상을 깨버리는 일입니다.

진리는 여러 시대에 걸쳐 다양한 말들로 전해 왔습니다. 진리는 모든 거짓을 녹여 버립니다. 우리가 각성할 수 있는 것은 진리를 접했을 때입니다. 진리는 우리에게 무한한 힘을 줍니다. 진리를 안다는 것은 우리의 본질이 영혼이라는 점을 깨닫고, 무한한 능력이 있음을 인식하는 것입니다.

생각하기를 게을리하면 남이 만든 시스템 속에서 일을 해야 합니다. 고요함은 상황을 개선할 지혜를 안겨 줍니다. 당신은 존엄한 존재입니다. 상황의 피조물이 되기에 너무 아까운 존재입니다.

진정한 집중이란 자기가 추구하는 대상과 하나가 되는 것입니다. 더 이상 주체와 객체의 구분이 사라지는 경지가 찾아옵니다. 우주의 마음은 하나라는 사실을 절실히 인식하는 것입니다.

두려움과 불안에 기반한 생각과 행동은 우리를 고생으로 몰아넣습니다. 이런 감정이 밀려올 경우 고요함을 자발적으로 찾고, 바른 마음가짐으로 전환하기 위해 의식적으로 고독을 찾아야 합니다. 두려움을 통한 행동은 실패할 수밖에 없습니다.

삶은 외부에서 덧붙이는 것이 아니라, 자기 내면을 순간순간 반영하고 있습니다. 생각은 몸에게 어떤 행동을 하라고 명령을 내립니다. 우리는 육체라는 도구를 가진 영혼입니다. 그리고 생각이라는 위대한 도구를 가진 영혼입니다.

부는 유전이나 환경의 산물이 아닙니다. 부는 의식 상태를 고스란히 반영합니다. 이 얼마나 희망적인 진실입니까! 우리는 자기 의식 상태만 고양시킨다면 얼마든지 큰 부를 축적할 수 있습니다. 부의 의식은 모으려는 의식입니다.

자기 의식 상태에 관심이 없는 사람들은 세상의 결과물들을 보며 신기해합니다. 자기 안에는 그것과는 비교가 안 되는 우주의 정신이 존재함을 모릅니다. 우주는 우리에게 무한한 선물을 줄 준비를 하고 있습니다. 우리는 선물을 받기 주저하는 어린아이와 같습니다.

평안함이 우주의 본래 상태입니다. 후회와 걱정, 두려움은 그 근원이 없습니다. 우주는 매 순간 우리를 돕고 있습니다. 당신이 호흡하는 것, 상처가 저절로 아무는 것, 이 모든 신체 활동은 잠재의식, 즉 우주의 마음입니다.

모든 소유는 마음의 결과물입니다. 마음속에 존재하지 않는 것을 소유할 수는 없습니다. 영적인 차원에서 우리는 이미 완전합니다. 우리가 원하는 것을 완전한 우주의 마음에 각인시키면, 우주는 창조력을 발휘하기 시작합니다.

당신의 마음이 가볍고 평화롭다면 우주의 정신과 조화를 이루고 있다는 뜻입니다. 세상에서 우리가 경험하는 것들은 불안정하며, 상대적인 것들입니다. 절대적인 진리는 각자의 내면에 존재합니다. 우리는 고요함 속의 집중을 통해 지혜와 영감을 얻습니다. 소망은 되도록 구체적인 이미지를 마음속에 그리는 과정이 필요합니다.

우주의 법칙은 한 치의 오차도 없이 정확하게 돌아가고 있습니다. 세상은 정확히 우리의 내면을 반영하는 거울입니다. 자기 상황을 바꾸고 싶으면 외부 세상을 살아갈 것이 아니라, 내면의 이상을 완전하게 만들어야 합니다. 생각이 모든 것의 원인이기 때문입니다.

우리는 문제가 아닌 소망에 집중할 때 가장 바람직한 상황과 조건을 만날 수 있습니다. 우리가 고독에 익숙할수록 최고의 지성인 우주와 더욱 자주 만날 수 있습니다. 고요함은 모든 위대한 성취의 출발점이자, 신체의 평안함을 가져옵니다.

모든 힘과 성장은 내부로부터 비롯되며, 내면의 조화는 신체적인 건강과 조화를 가져옵니다. 조화로운 내면은 인간 세상에 가장 큰 봉사를 할 수 있는 마음입니다.

대다수의 사람들은 외부 세계에서 살아갑니다. 내부 세계를 찾은 사람은 소수입니다. 그러나 외부 세계를 만든 것은 내부 세계다. 내부 세계에는 창조의 힘이 있습니다. 외부 세계에서 얻은 모든 것은 당신이 이미 내부 세계에서 창조한 것입니다.

- 찰스 해낼 -

잠재의식은 반복적인 생각, 즉 습관이 머무는 자리입니다. 우리는 습관의 노예이기도 하지만 의식적인 생각의 전환으로 잠재의식에 새로운 생각을 각인시킬 수 있습니다.

우주는 끊임없이 자기를 표현할 길을 찾고 있습니다. 각 개인은 우주의 정신이 나가는 출구입니다. 무한한 정신은 유한한 인간을 이용하고 있습니다. 우주에 드러나는 모습은 우리의 생각에 따라 그 모양이 결정됩니다.

생각은 의식적이든, 무의식적이든 창조를 진행 중입니다. 그러나 대부분의 사람들은 창조를 잠재의식이 이끄는 대로 수동적인 방식으로 진행합니다. 그렇기 때문에 대부분 과거의 생각과 경험에서 벗어나기 힘든 것입니다.

처음에는 모호했던 이미지도, 반복되는 훈련을 통해 명확해지는 법입니다. 우리는 의도적인 상상력을 통해 이미지를 구체화 시킬 수 있고, 이를 현실 세계에 물질화할 수 있습니다.

당신이 풍요롭고, 화려함으로 둘러싸인 환경에서 살고 싶다면 의식 상태를 고양시키는 일에 모든 주의를 기울여야 합니다. 생활을 단순화시키고, 외부 현실에 무관심하며, 자기 이상에 집중하고, 그림을 구체화시켜야 합니다. 이상이 가장 현실적으로 느낄 때가 당신이 성공의 문턱에 들어선 때입니다.

우주의 정신은 우리의 감정이 담긴 소망에 자극을 받습니다. 우리는 크게 생각하는 습관을 들여야 합니다. 우리의 무궁무진한 잠재력을 조금 밖에 활용하는 것은 너무 아쉽지 않습니까? 자기가 원하는 것에 집중하는 자세는 삶을 살아가는 가장 올바른 방식입니다.

내면을 바라보는 습관은 하루아침에 이루어지기 힘듭니다. 의식적인 훈련을 통해서 우리는 전보다 나아질 수 있고, 그 과정에서 지혜를 얻을 수 있습니다.

자극이 넘치는 세상에서 안을 바라보는 사람은 인생을 자기가 원하는 대로 살 수 있는 큰 힘을 얻게 됩니다.

시간은 기본적으로 환상입니다. 우리는 자기 소망이 미래에 달성되리라고 생각하지만, 더 바람직한 진실은 이미 자기 소망이 이루어졌다고 생각하는 것입니다. 시간을 해체시키는 이 진실은 당신이 우주의 마음과 하나임을 알 때 저절로 깨닫게 됩니다.

소망은 그 말 자체로 미래의 일을 의미하긴 하지만, 소망이 이루어졌음을 믿는 것은 강력한 확신을 의미하고, 이는 우주의 창조력을 자극하는 계기가 됩니다.

자기 생각과 감정을 주시하는 습관은 운명을 극복하는 길입니다. 대부분의 사람들은 무의식적인 생각의 흐름에 자기를 맡겨 버립니다. 그래서 그들은 운명의 포로가 돼버립니다. 인류는 생각의 힘에 대해 다시 깨닫고 있습니다. 마음의 상태는 신체와 성격을 형성하는 원인으로 작용합니다.

내면에 존재하는 것은 외부로 언젠가는 드러날 수밖에 없습니다. 훈련, 반복, 이미지 그리기 등은 운명을 극복하는 좋은 도구들입니다. 발명가와 기업가들은 미래를 생생하고, 명확하게 그리는 습관이 있습니다. 기업가의 상상력은 수천 명을 고용하는 회사가 가능하게 합니다. 우주의 근원은 기업가의 상상을 통해 자기를 표현하고 있습니다.

창조적인 방법으로 부를 쌓는 것은 우주의 진리와 조화를 이루는 방법입니다. 우주의 공급원이 무한하고, 한계가 없음을 알면, 더 이상 경쟁적인 방법으로 세상을 살아가지 않습니다. 우주의 정신은 근본적으로 창조적입니다. 창조는 고요함에서 시작됩니다. 창조는 생각을 통해 실현됩니다.

마음을 차분하게 가라앉히는 일은 영감을 얻기 위해 필수적인 과정입니다. 몸이 평안하지 않으면 우리는 고요해질 수 없습니다. 대부분의 사람들은 외부 현실에서 살아가기 때문에, 외부 현실을 바탕으로 평범한 상식을 가지고 있습니다. 그래서 이 상식에 어긋나는 새로운 지식을 접했을 때 의심부터 하고 봅니다. 이것은 그 사람들의 머릿속에 새로운 통찰을 받아들일 만한 뇌세포가 형성되지 않았기 때문입니다.

우주의 마음은 하나입니다. 서로를 위해 존재하는 것입니다. 하나이기 때문에 파괴적인 생각은 우주와 조화를 이룰 수 없고, 그 결과는 자기에게 돌아옵니다. 사상의 가치는 우리의 시선을 내면으로 돌린다는 점입니다. 감각기관은 근본적으로 기만적이라는 진실을 알고 내면에서 진리를 구하는 것입니다.

인간은 영적인 것이 아니면 만족이 오래가지 못합니다. 물건을 소유했을 때 만족이 오래가지 못하는 이유도 바로 이 점 때문입니다. 그래도 우리는 원하는 것을 추구해야 합니다. 다만 우리의 행복은 본질은 내면의 의식임을 깨닫는 것이 중요합니다.

우주는 인간을 통해 자기를 다채롭게 표현하고 있습니다. 우리가 우주와 조화를 이룰 수 있다면 원하는 모든 것을 얻을 수 있습니다. 모든 힘이 내면에서 나온다는 사실을 깨닫는 것이 바로 조화입니다. 의식 수준이 부의 양을 좌우합니다. 당신의 의식이 결핍, 부족, 한계, 불평, 걱정, 불안, 두려움에 머물고 있는지 점검하세요. 당신은 원하는 풍요, 건강, 사랑에 집중하는 습관을 들여야 합니다.

우주의 근원은 지금 이 순간에도 우리의 소망에 부합되는 재료와 원인을 조정하고 있습니다. 우리는 사물의 겉모습을 보는 것이 아니라, 마음속에서 그림을 그림으로써 혼을 느낄 수 있습니다. 그렇게 되면 그 사물을 조정하기 쉬워집니다. 사물의 본질이 바로 사물의 영혼이기 때문입니다.

우리는 자기가 비슷한 것을 끌어들일 수밖에 없습니다. 무한한 부가 내면에 있음을 깨닫고 행동하기 시작하면, 부는 우리를 따를 수밖에 없습니다. 큰 뜻에는 큰 부가 따릅니다. 세상을 따라가지 말고 자기 이상을 아름답게 만드는 일에 몰두하세요.

영혼이 없다면 당신의 육체도 없고, 이 세상도 없습니다. 당신의 본질은 완전할 수밖에 없습니다. 당신은 영혼이기 때문입니다. 스스로에게 한계가 없음을 자연스럽게 깨닫기 시작합니다. 최고를 추구하는 과정에서 결과적으로 인류에 가장 크게 봉사하게 됩니다. 당신은 우주의 힘에 대해 얼마나 인식하고 있습니까? 사회현실에 묻혀 자기 가능성을 제한하고 있지는 않습니까? 우리는 절대적인 존재만 생각을 해야 합니다. 절대적인 존재는 자유를 의미합니다. 당신은 관심을 갖는 대상을 닮아갑니다.

인간은 생각하는 존재입니다. 우주는 인간의 생각에 응답합니다. 한순간 어떤 생각을 하느냐에 따라 인생의 방향이 전환됩니다. 인간 세상에서 통용되는 고정관념만이 장애물입니다. 원하는 것에 집중하는 힘은 강력한 행동입니다.

상상력을 사용해서 자기가 원하는 모든 것을 누리고 있다고 생각하세요. 마음속 이미지는 생명력이 있으며, 그 사물의 혼을 다루는 일입니다. 우리는 사물이나 사람의 혼을 다룰 수 있을 때, 끌어당길 수 있습니다.

인간이 이 세상에 태어나서 할 일은 이상을 아름답게 만드는 일입니다. 이상은 현실에 그대로 나타나는 원형입니다. 외부 세계에 존재하는 현실은 먼저 내면에 존재해야 가능합니다.

고독을 찾는다는 일은 자기 생각을 건설적으로 사용하겠다는 뜻입니다. 성공한 기업가들은 자발적으로 대중으로부터 멀리 떨어져 사색할 시간을 갖습니다. 대중의 평균적인 생각으로부터 자기를 보호하며 우주의 영감을 들으려고 하는 것입니다. 대중은 깊이 생각하는 일이 드뭅니다. 여론을 형성되는 경우를 살펴보면 알 수 있습니다.

창조적으로 부를 추구하는 사람에게 기회는 무궁무진합니다. 전혀 서두르지 않고 목적지에 도달할 수 있습니다. 당신이 눈으로 보고 있는 현실은 결과입니다. 결과 속에서 헤매서는 안 됩니다. 당신의 운명을 설계할 근본 원인을 살펴봐야 합니다. 우주의 근원은 인간의 지성으로는 헤아릴 수 없는 영역입니다. 우리는 그저 창조의 물결에 동참할 뿐입니다.

우주는 긍정적이고 건설적인 사람에게 협조적입니다. 본래 우주는 우리의 복지를 위해 존재합니다. 우주의 뜻에 거스르지 않는 사람은 최고로 좋은 것을 다 얻을 수 있습니다. 우주는 사람의 꿈을 배신하지 않습니다. 꿈을 이루기 위해 가장 효율적인 방법을 알고 있는 정신입니다. 당신은 우주에게 조언을 해줄 수 없습니다.

침묵만큼 우주의 마음을 잘 표현하는 개념은 없습니다. 우리가 무언가를 간절히 원한다는 것은 우주의 마음에 강한 진동을 퍼뜨리는 일입니다. 자기 마음가짐을 늘 점검하는 사람은 실패할 수 없습니다. 우주와 항상 연결을 유지하는 사람은 강한 힘을 지닙니다. 힘을 항상 의식하고 있기 때문입니다.

우주의 힘을 모르는 보통 사람들은 어떤 놀라운 일이 현상에 발생했을 때, 기적이나 운으로 설명합니다. 우주는 자연법칙을 실행할 뿐입니다. 우주의 초월 정신을 믿는 사람은 자기 삶에서 기적을 경험할 것입니다.

시간관념은 우리에게 일종의 장애물로 작용합니다. 모든 일은 동시에 발생합니다. 우주에는 영원한 지금밖에 없습니다. 이런 영적인 차원에서 우리의 소원은 언젠가 이루어지는 일이 아닙니다. 인간의 생각은 항상 창조력을 발휘하며 실제적인 현실을 매 순간 형성합니다.

당신이 성공하기 위해 필요한 모든 아이디어는 내면에 존재합니다. 영적인 것이 모든 일의 우선입니다. 세상은 생각의 힘에 의해 돌아가고 있습니다. 모든 힘은 내면에서 비롯됩니다.

마음에서 이루어지는 일은 외부로 드러납니다. 사람들은 자기가 원하는 것으로 하루를 시작하는 것이 아니라, 문제 해결에 초점을 맞추기 때문에 실패합니다.

항상 의식 수준에 맞는 조건이 따라옵니다. 당신은 세상에 긍정적인 영향을 미치고 있습니까?

우주와의 연결이 끊어지는 순간부터 문제가 발생하기 시작합니다. 당신은 세상을 어렵게 살아나갈 필요가 없습니다. 모든 일의 첫 발단은 내부에서 시작됩니다. 집중은 통찰력을 키워줍니다. 통찰력은 사실을 장기적인 안목으로 판단하게 해주는 지혜입니다.

세상을 움직일 수 있는 힘은 내면에서 찾을 수 있습니다. 당신은 모든 것을 끌어당기는 자석이 될 수 있습니다. 자기 의식 수준을 높이면 됩니다. 의식 수준에 따라 당신이 이상으로 생각하는 환경이 따라올 것입니다. 어떤 소유물이든 의식 수준의 결과물입니다.

소망에 집중하는 사람은 바람직한 삶을 불러올 수밖에 없습니다. 외부현실 속에 사는 사람들은 남의 생각에 따라 살아가는 사람입니다. 위대한 성취의 배경에는 항상 스스로 생각하는 과정이 포함되어 있습니다. 위대한 성취는 위대한 생각의 결과물입니다.

진리는 부족함과 한계로부터 벗어나게 해줍니다. 진리를 안다는 것은 우주의 정신과 조화를 이룬다는 뜻입니다. 바른 마음가짐은 모든 위대한 성취와 조건을 불러옵니다. 부, 사랑, 건강은 바른 마음가짐이 결과의 차원에 드러나는 것입니다.

위대한 사상가는 스스로의 내면세계를 변화시킴으로써 세상에 봉사하는 일을 합니다. 결코 결과의 차원에서 문제를 해결하지 않습니다. 최고의 의식 수준을 유지하는 사람에게 모든 최고의 조건이 따라갈 것입니다. 마치 자석처럼 말입니다. 최고의 의식을 유지하기 위해서 우리는 고독과 친숙해져야 합니다. 자기 마음가짐을 점검하는 습관이 필요합니다.

최고의 삶을 꿈꾸는 것은 인간이라면 당연한 것입니다. 자기 잠재력을 최고로 발휘할 수 있을 때, 인간은 최고로 살아있는 느낌을 갖습니다. 사실 이것은 우주의 의식이 우리를 통해 희열을 느끼는 것입니다.

사람이나 사물은 사랑의 힘에 끌립니다. 우주의 마음은 완벽하게 작동됩니다. 우리가 품은 생각은 얼굴과 성격, 환경에 그대로 드러납니다. 잠재의식은 우주 의식의 축소판이라 한계가 없습니다. 기도는 우리의 생각에 잠재의식의 무한한 힘이 작용하는 과학적인 원리입니다.

기도는 자기 소망에 집중하는 하나의 방법입니다. 기도가 작동하는 방식은 철저하게 과학적입니다. 인간의 생각에 잠재의식이 반응하는 과정입니다. 보이지 않는 힘을 얼마나 믿느냐가 당신의 인생을 좌우합니다. 눈으로 보는 세상은 보이지 않는 정신의 힘에 의해 돌아가고 있습니다.

잠재의식의 지식을 숙지할수록 인생을 통제하는 힘이 증가합니다. 영적인 힘이 우선되어야 합니다. 인생을 바로잡을 힘은 자기에게서 나옵니다. 외부의 현상에 현혹되지 않고 집중을 통해 내면을 주시한다면, 목표 달성을 위한 지혜를 얻을 수 있습니다.

우리는 평온할 때 가장 큰 힘을 활용할 수 있습니다. 진리는 다른 형태로 표현될 수 있지만, 의미는 같습니다. 우주의 정신이 하나의 마음인 것과 같습니다.

생각을 다스리면 결과를 다스릴 수 있습니다. 인간의 모습 자체도 우주의 생각이 표현된 것입니다. 크게 생각하면 큰 것을 얻을 것입니다. 우주의 마음은 크기를 가리지 않고 똑같이 작동합니다.

안정이 아닌 자기 소망을 추구할 때 우주의 창조력이 제대로 발휘하기 시작합니다. 소망은 이미 우리 곁에 와 있습니다. 우주의 마음은 우리의 소망을 실현시킬 초월적인 방법을 알고 있습니다.

당신이 해야 할 일은 남과 경쟁해서 기존의 것을 차지하는 것이 아닙니다. 당신은 우주의 정신과 하나임을 깨닫고, 창조적인 방법으로 자기가 원하는 것을 쟁취할 수 있습니다.

최고에 대한 지속적인 관심은 스스로를 최고로 형성하는 힘이 됩니다. 최고의 물질을 가지려는 마음은 결국 세상에 최고의 가치를 봉사하는 바탕이 됩니다.

당신이 원하는 것을 달성하는 과정 속에는, 보이지 않는 힘이 원인을 조정하는 과정이 숨어 있습니다. 무언가를 창조하기 위해서는 집중이 필요합니다. 인간은 생각을 통해 매 순간 현실을 창조하고 있습니다. 창조는 천재만 수행하는 일이 아닙니다.

마음속의 이미지는 잠재의식 속에 각인됩니다. 빠른 결과를 위해서는 반복이 필요합니다. 생각은 창조이기 때문에 남의 생각대로 살아가는 사람은 노예와 다를 바 없습니다.

세상을 위해 자기 힘을 많이 주는 사람은 많이 받을 것입니다. 당신이 진리와 합치되는 정도에 따라 영향력이 달라질 것입니다. 진리는 사람의 인생에 그대로 드러납니다. 스스로 한계를 정하지 않는 한 누구나 당신의 이상을 방해할 수는 없습니다.

당신 마음속의 씨앗은, 조급한 마음으로 방해하지만 않는다면, 큰 나무로 성장할 것입니다. 우리는 의심과 걱정을 던져버리고 우주의 정신에게 씨앗을 맡길 수 있어야 합니다.

영혼은 완전하다. 영적인 존재인 우리도 완전하지 않을 수 없습니다. 파괴적인 생각만이 본래의 완전성과 대립됩니다. 무엇인가를 모으려는 마음가짐, 즉 부의 의식은 당신에게 아이디어를 제공할 것입니다.

평화롭고 고요한 우주의 정신은 항상 준비된 채로 기다리고 있습니다. 우리의 소망은 우주의 정신을 일으키는 원인으로 작동합니다. 소망을 달성하는 최고의 방법은 우주의 정신이 알고 있는 영역입니다. 유한한 존재인 우리는 우주의 정신을 능가할 수 없습니다. 우리는 무한한 존재의 영감을 받아들일 수 있을 뿐입니다.

불안함은 우주와의 조화가 깨진 것입니다. 무언인가를 걱정하고 불안해한다면 그런 상황을 끌어당길 것입니다. 부정적인 생각은 그 근원이 없기 때문에, 진리를 담은 생각에 의해 사라질 것입니다.

눈으로 보는 결과물들은 내부 세계의 상상을 반영한 것들입니다. 인간은 상상을 통해 자기 환경을 개선해왔다. 지금의 여건이 마음에 들지 않는다면, 당신은 내부 세계를 아름답게 구상함으로써, 환경을 변화시킬 수 있습니다.

얼굴은 영혼의 모습입니다. 자기 외모를 바꾸고 싶으면 내면세계를 변화시켜야 합니다. 사람은 자기 얼굴에 책임을 져야 합니다. 건강상태 역시 마음의 상태를 반영합니다. 우주의 마음에는 질병이 없습니다.

마음속으로 그림을 그리는 데 익숙한 사람만이 자기가 원하는 인생을 살 수 있습니다. 우리는 남이 만든 그림 속에 살면 안 됩니다. 누구나 자기가 추구하는 이상이 있기 마련입니다. 지속적인 훈련으로 이미지를 구체화시키는 연습을 해야 합니다. 모든 훈련처럼 점점 쉬워지는 것을 느낄 것입니다.

생각은 창조력으로 작용하기 때문에, 생각의 종류를 가리지 않습니다. 이 진리는 우리가 얼마나 생각을 신중히 선택해야 하는지 말해줍니다.

영감은 우주의 창조적인 힘입니다. 영감을 얻기 위해서는 고요해야 합니다. 우리는 매 순간 현실을 창조하고 있습니다. 객관적인 세상이란 없습니다. 자기 내면을 반영하는 현실이 있을 뿐입니다. 우주의 정신은 무한한 풍요입니다. 우리는 내면의 우주를 인식함으로써 조화로운 삶을 살 수 있습니다. 소원은 이미 이루어진 사실임을 당신은 인식할 수 있습니까?

자기가 얻을 수 있는 힘은 내면에 다 들어 있습니다. 그동안 밖에서 모든 힘과 능력을 찾으려고 얼마나 방황했습니까. 오랜 인류의 잘못입니다. 우리는 그동안 얼마나 많은 문제에 시달려 왔습니까.

　진정한 집중이란 자기가 원하는 대상과 자기만 이 세상에 남는 것입니다. 우리의 마음은 우주 정신의 축소판입니다. 진정한 행복은 마음의 상태입니다. 최고의 의식 수준에는 다른 모든 것을 끌어들이는 힘이 있습니다. 당신의 본질은 이미 완전합니다.

16

영적인 깨달음

고요함 속에서 직관의 힘이 생깁니다.

직관은 논리를 뛰어넘는 지성입니다. 직관과 영감은 같습니다. 우리는 이 모든 것을 받을 준비를 해야 합니다. 긴장을 풀고 평안함을 찾아야 합니다. 자기 일에 정신없이 바쁜 사람은 우주의 정신과 연결될 수 없습니다.

의심과 불안은 아이디어 착상에 걸림돌로 작용합니다. 높은 의식 상태를 지속적으로 유지하는 일은 쉽지 않습니다. 삶의 상황을 바꾸고 싶으면 내면에 관심을 쏟는 빈도를 늘려야 합니다. 대부분의 사람들은 문제의 원인을 외부에서 찾으려는 오랜 습관이 있습니다.

의식적으로 노력하는 일은 잠재의식이 하는 일에 비해 성과 면에서 한참 뒤처집니다. 모든 위대한 사상, 예술, 과학, 산업의 업적은 잠재의식에 의존했을 때 크게 도약했습니다. 우주의 힘에 전적으로 의존했을 때 초월적인 지성이 드러납니다.

잠재의식은 우리의 소원에 실시간으로 반응합니다. 그 소망이 구체적일수록 잠재의식은 중요한 정보로 간주하고, 창조 과정을 작동시킵니다. 잠재의식은 한 인간의 생애가 끝나도 영원히 지속합니다. 인간은 한계를 의미하지만, 우주의식은 영원합니다.

진리를 담고 있는 말은 생명력이 있습니다. 진리는 온갖 거짓을 사라지게 합니다. 진리를 얻기 위해 우리는 우주와 조화를 이루는 법을 알아야 합니다. 더 많이 고요해지고, 고독에 익숙해져야 합니다. 홀로 생각할 시간을 가져야 합니다. 우주의 정신은 무한한 부, 사랑, 행복입니다.

자연은 풍요롭고 자애롭습니다. 인간의 파괴적인 생각만이 우주의 오염물입니다. 우주와 조화를 이루는 사람은 실패할 수 없습니다. 최고로 좋은 것들과 만나게 될 것입니다. 자기 이상을 항상 마음속에 지니면 물질 세상에 나타나는 것은 어렵지 않습니다. 본질적으로 우리가 일을 하는 것이 아니기 때문입니다.

불행한 의식에는 행복이 존재할 수 없습니다. 우리는 반복된 궁정적 인상을 통해 의식을 개혁해야 합니다. '소원이 이미 성취되었음을 믿으면 그렇게 될 것이다'라는 말은 모든 세대를 걸쳐 내려온 진실입니다.

큰 그림을 그리는 사람은 부분이 아닌 전체를 보는 사람입니다. 마음속에 그림을 그리기 위해서는 반복된 훈련이 필요합니다. 그림은 반복을 통해 구체화되며, 고화질의 사진을 보는 것보다. 마음속 그림은 생명력이 있으며, 성장해 갑니다.

감각 활동을 고요히 하며, 긴장을 늦출 때 우주의 영감을 받을 수 있는 준비가 됩니다. 아름다운 이상을 구축하는 사람들은 자기가 원하는 인생을 살게 됩니다.

외부현실은 당신을 시험하는 무대이자 환상입니다. 외부현실은 인간의 생각에 따라 언제든지 변할 수 있는 물질 세상입니다. 자기 이상과 생각만이 실체입니다. 모든 것은 영적인 것에 출발합니다. 인간은 영적인 것이 아니면 불만족을 느끼는 것도 이 때문입니다.

주파수가 높은 생각은 낮은 생각을 물리칩니다. 그래서 긍정적인 생각이 부정적인 생각보다 힘이 세다고 하는 것입니다. 생생한 비전은 우리에게 힘을 줍니다. 당신이 하는 모든 일에 힘이 실린다고 할 수 있습니다. 당면한 문제에 집중하는 방식이 아닌, 마음가짐을 바르게 하고, 자기 이상을 구체적으로 구상하는 일에 많은 시간을 할애해야 합니다.

영상 그리기는 우주의 마음에 자기 소망을 각인시키는 과정이므로 매우 중요합니다. 영상 그리기 과정이 내면에 존재하지 않는다면 결코 외부 현실에 나타날 수 없습니다. 외부는 항상 결과물이자 현상이라는 진실을 습관적인 사고로 가지시길 바랍니다.

잠재의식은 고요하게 존재하며, 형상을 만들 준비를 하고 있습니다. 무엇이든 가능하게 하는 잠재의식의 전능함을 인간의 지성은 이해하기 힘듭니다. 그래서 초월적인 힘이라고 하는 것입니다. 기도도 일종의 영상화 과정입니다. 무엇을 하느냐보단 어떤 의식 상태를 유지하며 하느냐가 중요합니다. 당신이 가지고 싶은 물건이 있다고 합시다. 그 물건이 당신에게 오기 위해서는 당신의 의식 상태가 그 물건과의 주파수와 맞아야 가능합니다. 수준이 낮으면 원하는 대상을 갖기 어려운 것입니다.

외부현실보다 내부의 이상이 현실적으로 느껴질 때, 당신의 의식 수준은 한층 고양된 것입니다. 의식 수준은 당신이 어떤 존재인가를 말해줍니다. 큰 부를 얻기 위해서는 그에 맞는 의식 수준이 되어야 가능합니다. 당신의 지금 의식 수준은 하루아침에 이루어진 것이 아니기 때문에 매우 뿌리 깊습니다. 흔히 잠재의식이라 부르는 것입니다. 잠재의식은 수많은 세대에 걸쳐 내려온 유전 정보, 환경, 경험 등에 의해 형성됩니다. 자기 운명을 극복하기 위해서는 잠재의식에 대한 지식이 있어야 하고, 훈련을 통한 조정이 필요합니다.

잠재의식을 수정하기 위해서는 자기가 원하는 이상에 집중하는 습관을 가져야 합니다. 더이상 두려움, 걱정, 후회가 의식을 차지해서는 안 됩니다. 모든 힘은 우주의식, 즉 잠재의식에서 나옴을 깨닫고 조화를 이루려는 마음가짐이 중요합니다.

이미 이루어졌음을 알면 이루어질 것입니다. 의식 수준은 자기 의지에 의해 얼마든지 높아질 수 있고, 낮아질 수도 있습니다. 이러한 진실은 인간에게는 희망입니다. 우리는 지금 이 순간부터의 마음가짐을 통해 얼마든지 다른 존재가 될 수 있는 것입니다.

세상은 잠재의식의 힘을 활용한 사람에게 천재라는 이름을 붙입니다. 인간은 누구나 천재성에 해당되는 잠재력을 가지고 있습니다. 천재는 결코 특정 인물에만 국한되는 말입니다. 운명에 의해 정해지는 특징이 아닙니다.

우리가 소망을 작용시켜 잠재의식의 힘을 활용하는 정도가 천재성을 좌우합니다.

걱정, 불안, 두려움도 마음속에 이미지를 형성하며, 이미지는 창조 과정을 작동시키기 때문에, 생각의 종류를 따지지 않고 현실화되는 것입니다. 이제 당신은 부정적인 생각을 가지면 안 되는 이유를 알았을 것입니다. 우주의 창조는 긍정성과 부정성을 가리지 않습니다.

잠재의식은 우리의 소망을 실현시키기 위해 보이지 않는 원인을 조정하기 시작합니다. 창조 과정은 우리의 이해력을 넘어서기 때문에, 우리는 단지 그 흐름에 역행하지만 않으면 됩니다. 우리는 받을 수 있는 의식 수준을 꾸준히 유지하면 되는 것입니다.

사회현실에 자기를 맞추는 사람은 외부세계에 살아가는 사람입니다. 대부분의 사람들은 다른 사람이 생각한 시스템에 편입되어 한정된 인생을 살아갑니다. 당신은 그렇게 하기로 마음을 먹은 것입니다. 자기 인생을 변화시키기 위해서는 내면을 들여다보고 생각을 통제할 수 있어야 합니다.

인간이 할 수 있는 가장 위대한 행위는 건설적이고 긍정적인 생각입니다. 어떤 사람은 생각을 하고, 다른 사람들은 그 생각에 의해 부지런히 움직입니다. 생각이 가장 힘든 노동이자, 가장 큰 보상이 따르는 행동입니다. 사실 잠재의식에 의존하는 비중을 높인다면, 애쓰지 않고도 인생을 살아갈 수 있습니다.

우주의 정신은 완성된 우주의 모습을 품었기 때문에, 우주를 물질화시켰습니다. 우리의 생각이 작용하는 원리도 이와 같습니다. 우리는 자기가 원하는 환경을 이미지화함으로써 현실에 나타나게 할 수 있습니다. 그러기 위해서는 집중과 꾸준함이 유지되어야 합니다.

지금 이 순간 당신의 의식에 무엇이 차지하고 있느냐가 미래를 결정합니다. 크게 원하면 크게 얻을 것입니다. 우리는 충분하게 자기 권리를 주장하지 못하고 있습니다. 두려움은 우주와 조화를 이루는 의식 상태가 아닙니다.

한쪽에는 원대하고 아름다운 비전을 그리는 사람이 있고, 다른 쪽에는 외부 현실에서 결과만을 수정하며, 고뇌를 다른 고뇌로 바꾸는 사람들이 있습니다. 스스로 생각하기를 멈추면 노예의 인생입니다. 노예는 자기가 원하는 인생을 살 수 없습니다.

모든 힘은 외부가 아니라 내면에서 나옵니다. 모든 동식물은 내부로부터 성장합니다. 치료와 회복도 내부에서 시작됩니다. 이 진실만 알아도 우리는 새로운 희망을 바라볼 전환점이 됩니다.

인간의 모든 경험은 지혜를 얻기 위한 과정입니다. 자기 진정한 행복은 내면에서 발견될 수 있다는 깨달음 말입니다. 인간은 외적으로도 풍요로운 여건을 추구해야 합니다. 인간은 생각하는 존재이기 때문에, 형상을 만들어내는 것이 본능입니다. 이 모든 것의 바탕에는 우주의 마음이 일하고 있다는 깨달음이 전제되어야 합니다.

인간 세상은 좀 더 나은 삶을 추구하는 이상을 바탕으로 발전을 거듭해 왔습니다. 당신은 이 세상에 무엇을 주고 있습니다. 많이 줄수록 많이 받습니다. 돈을 벌기 위해서는 돈을 써야 하는 것과 같은 이치입니다.

내면이 아름다우면, 성격, 외모, 환경은 이를 반영할 수밖에 없습니다. 외부에서 힘을 구하려는 노력은 인류의 오래된 잘못입니다. 내부에 존재하는 것만 실현될 수 있습니다. 우주의 진실은 인간의 고정관념과 편견을 해체시킵니다.

소망과 사랑이 결합하면 엄청난 영향력을 발휘합니다. 당신이 상상할 수 없는 창조력이 발휘하기 시작하며, 낮은 차원의 부정성을 모두 상쇄시킵니다. 인간이 경험할 수 있는 가장 높은 의식 수준은, 사랑과 평화입니다. 스스로 사랑으로 빛나는 존재가 된다면 당신은 모든 것을 끌어당길 수 있으며, 초월적인 힘을 가지고 사물과 환경을 조정할 수 있습니다.

인간 감정의 모든 부정성이 사라질 때, 용기, 풍요, 평화, 사랑의 요소만 남을 때 지구는 낙원이 될 것입니다. 우주는 본래 낙원입니다. 당신이 한 생각을 일으킴으로써 우주의 현실에 영향을 미치는 것입니다. 이상을 품는 사람은 그 자체로 우주의 정신과 조화를 이루고 있습니다.

지구의 현실은 인류의 평균적인 내면 상태를 그대로 반영합니다. 그렇다고 당신이 처음부터 전 인류를 생각하며 시작할 필요는 없습니다. 단지, 자기 이상만을 아름답게 가꾸는 일을 시작하면, 결과적으로도 인류에 크게 봉사하는 길이 됩니다.

진리를 찾는 것은 잘못된 사고의 원인을 찾는 것입니다. 생각으로 모든 것을 이룰 수 있다는 것은 인류의 놀라운 발견입니다. 무한한 자원은 내면에 있습니다.

인간의 삶은 진리를 깨닫기 위한 과정입니다. 고통과 고난이 존재하는 이유는 분명히 존재합니다. 조화로운 삶을 위해서는 우주와 협력해야 한다는 사실을 결국 깨닫습니다.

부, 사랑, 행복은 우리의 본성을 드러내는 것입니다. 모든 형상은 한계를 뜻합니다. 우주의 정신만이 영원합니다. 우주의 정신은 우리 안에 존재합니다. 우주의 정신은 초월적인 존재이기 때문에 우리의 소망이 무엇인지 알고 있습니다. 소망을 이루기 위해 가장 적절한 방법으로 창조 과정을 진행하는 정신입니다.

생각의 힘은 무한한 영향력을 지닙니다. 그 생각이 긍정적이고 건설적일 때 모든 부정성을 상쇄시킵니다. 스스로 한계를 만드는 이유는 고정관념, 불안, 두려움 때문입니다. 인간은 자기 생각을 점검할 수 있을 정도로까지 진화했습니다. 더 이상 본능이나 인습에 따라 행하는 자동인형이 아닙니다.

잠재력을 실현하기 위해서는 힘을 의식해야 합니다. 자기 내부에 힘이 있음을 알아야 합니다. 당신은 얼마나 자기 가능성을 믿고 있습니까? 우주의 모든 재화는 보이지 않는 영역에서 비롯된다는 것이 신기하지 않습니까? 자연은 무한히 죽으면서 다시 태어납니다. 우리는 더 이상 드러난 것을 차지하기 위해 조급해하지 않아도 됩니다.

사상은 인류의 문제를 근본적으로 해결할 수 있습니다. 결과만을 손봐서는 또 다른 문제가 생기기 마련입니다. 당신 안에는 인류가 겪는 모든 심리와 경험의 원형이 들어 있습니다. 하나 속에 모든 것이 다 포함된 것입니다. 인류는 한계입니다. 영적인 것만이 조건이나 제한이 없습니다.

소원이 이미 이루어진 사실이라고 생각하는 것은 우리 머릿속에서 시간 관념을 해체시키면서 창조력을 가동시킵니다. 시간은 환상입니다. 삶은 영원한 현재입니다. 행복과 조화는 의식의 상태입니다. 마음가짐이 어떤 상태일 때 우리는 행복합니다.

우리가 결국 찾아야 할 것은 영적인 진실입니다. 외부 현실에서 지속적인 만족이 어려운 것도 물질은 결국 변하기 쉬운 대상이기 때문입니다. 그러나 우리는 최대한 부와 풍요를 추구해야 합니다. 이것들은 모두 귀중합니다. 모든 귀중한 가치는 영적인 힘에서 비롯된다는 점을 강조하는 것입니다.

진리는 다양한 시대, 다양한 사람들에 의해, 다양한 언어로 표현될 수 있습니다. 언어로 표현된 말의 본질은 같습니다. 우리의 본질은 영혼이기 때문에 이미 완전한 존재라는 뜻입니다. 완전하고 절대적인 존재에겐 한계란 없습니다. 우리는 몸을 가진 영혼입니다. 영혼은 육체라는 도구를 가지고 활동합니다.

모든 소유물은 바른 마음가짐에서 비롯됩니다. 당신에게 무한한 가능성이 있고, 스스로 일어설 수 있으며, 한계가 없음을 마음으로 느끼는 일이 우선입니다. 당신은 모든 것을 끌어당길 수 있습니다. 바른 생각은 지혜가 모자란 생각을 물리칩니다. 큰 생각은 모든 것을 수용합니다. 고차원적인 생각은 저차원적인 생각을 지배합니다.

크게 생각하는 사람은 큰 것을 인류에게 줄 수 있고, 결국 큰 것을 받습니다. 생산하는 능력이 인간의 본질입니다. 사람은 생각을 통해 원하는 모든 것을 얻습니다. 어떤 산을 오르면, 다시 오를 다른 산이 보이게 됩니다. 원하는 것에 집중하는 것이 인생의 사명입니다.

일관성 있게 자기가 원하는 것에 집중하는 일은 어렵습니다. 우리는 지속적인 훈련을 통해 익숙해질 수 있습니다. 내면을 다스리는 일은 자기 생각과 감정을 주시하는 일입니다. 생각은 항상 창조적이기 때문입니다.

당신은 자기가 뜻하는 대로 될 수 있습니다. 이것은 강력한 자기 암시입니다. 우리는 생각을 통해 소망을 잠재의식에 각인시킬 수 있음을 믿습니다. 모든 소망은 사랑의 감정입니다. 그래서 강한 주파수를 지닙니다. 우주의 공급은 무한하므로 인간의 걱정은 어리석음이 아닐 수 없습니다.

당신 마음이 불안하다면, 바로 불안한 마음을 통해 행동하려는 것을 멈추고, 마음을 고요히 평안하게 유지해야 합니다. 내면의 영감에 따른 행동은 우리가 상황의 노예가 되는 것을 멈추게 합니다.

내부 세계를 찾은 사람들은 소수입니다. 대부분의 사람들은 외부의 현실 속에서 살아갑니다. 아름다운 내면은 조화로운 환경을 만들어냅니다. 외부 세계는 생각의 힘에 의해 돌아갑니다. 삶은 내면에서 드러나는 것입니다. 당신이 마음속에 걱정과 불안이 조금이라도 남아 있으면 안 됩니다. 생각은 자석이라 비슷한 물질을 끌어들입니다.

감정도 생각의 결과입니다. 감정은 무슨 생각을 하고 있는지 정확하게 알려주는 신호입니다. 소원이 이미 이루어진 사실이라면 걱정이나 불안은 더 이상 존재할 수 없습니다. 생각을 소홀히 하는 순간 우리는 운명의 포로가 됩니다. 우주는 우리의 이득과 풍요를 위해 존재합니다. 우주의 정신과 조화를 이루기만 하면 더 이상 한계와 결핍은 없습니다.

내부에서 영감을 얻는다는 것은 상투적이고 인습적인 길에서 벗어난다는 뜻입니다. 노력으로 영감을 얻는 것은 아닙니다. 긴장을 풀고 고요함을 찾을 때 우리는 평상시보다 생각이 깊어지며, 통찰력을 얻을 수 있습니다.

한계와 회의감을 먼저 느끼는 사람은 아무것도 도전할 수 없고, 희망을 가질 수 없습니다. 생각은 당신에게 힘을 줄 수도 있고, 무기력하게 만들 수도 있습니다. 근육의 힘도 의식 수준에 좌우된다는 것이 널리 알려진 과학적 진실입니다.

당신이 원하는 대로 살기 위해서는 높은 의식 수준을 꾸준히 유지해야 합니다. 생각할 시간을 많이 가질수록 우리는 상황의 피조물이 아닌, 원하는 인생을 살 수 있습니다. 밖으로부터 주어지는 인상을 수동적으로 받아들이는 것이 아니라, 건설적인 생각을 하게 됩니다. 자기 내면세계를 발견한 사람은 인생을 정복한 사람입니다.

내면을 발견한 사람은 변하지 않는 행복을 체험합니다. 대부분의 사람들은 사건과 사실에 관심을 기울입니다. 자기 내면에서 모든 사물의 사건과 상황이 기원한다는 사실을 잊고 있습니다. 자기 생각에 따라 외부의 우주는 변화를 거듭합니다.

바른 마음가짐은 행복과 조화를 표현하는 상태입니다. 바른 마음가짐에서 결과인 물질이 생겨납니다. 우주의 마음은 개인의 마음과 하나입니다. 자기 마음을 다스리면 가장 좋은 것들과 만날 수 있습니다. 자기 마음이 기쁨과 평안함으로 이루어졌는지 확인하시길 바랍니다.

자기 마음속에 우주의 모든 요소가 다 들어있습니다. 온 세상을 다스리는 것은 자기 내부 세계를 다스리는 것과 같습니다. 미래는 이미 우리 곁에 와 있습니다. 당신의 간절한 소망은 이미 확실한 사실로 존재합니다. 성과는 내면의 힘을 통해 이루어집니다. 외부의 권위에 의존하려는 연약함을 버려야 합니다.

인간은 육체를 가진 영혼이기 때문에, 영혼을 바르게 유지한다면 삶의 조건은 좋아질 수밖에 없습니다. 모든 실패는 자기가 영적인 존재임을 모르고 행동할 때 찾아옵니다. 외부의 결과는 내면의 결과입니다. 영혼만이 가장 실제적인 것입니다. 물질은 생각에 의해 변경되고 없어질 수 있습니다. 잠재의식은 정신 활동의 대다수를 차지하는 영역입니다. 잠재의식을 건설적으로 사용한다면 엄청난 영향력을 발휘할 수 있습니다.

긴장, 조급함, 불안, 초조는 모두 부정적인 감정입니다. 우리는 그에 따른 열매를 거두기 마련입니다. 항상 건설적인 생각만 하도록 해야 합니다. 부정적인 생각에 휩싸인 순간 우리는 우주와 조화가 깨진 것입니다.

우리는 보다 긍정적인 소망에 집중해야 합니다. 손실이나 아닌 풍요, 질병이 아닌 완전한 건강, 언제나 긍정적인 것은 훨씬 에너지가 큽니다. 긍정적인 에너지는 자기 안의 부정성을 상쇄합니다.

고요함은 무한한 지혜를 얻을 수 있는 통로입니다. 우주의 마음은 절대적인 고요함입니다. 고요함은 신체의 평안함을 가져오고, 긴장을 이완시킵니다. 깊게 생각하는 힘은 고독과 고요함이 없으면 가능하지 않습니다. 우리는 고독과 친숙해져야 합니다.

사랑과 평화는 인간이 지닐 수 있는 가장 높은 상태의 의식 수준입니다. 당신 안에 부정성만 없어도 큰 영향력을 발휘할 수 있습니다. 과도한 노동은 마음을 무디게 만듭니다. 마음의 활력을 찾기 위해서는 내면세계를 발견해야 합니다. 모든 힘은 내부에서 나온다는 믿음이 중요한 이유입니다.

THINKING BOARD

17

크게 생각할수록
크게 얻는다

상상은 힘든 노동이지만,
가장 큰 보상이 따르는 행위입니다.

우리가 경험하는 모든 물질 세계
는 내면의 상상에서 비롯되었습니다. 상상력을 활용하지 않는다면
제한된 인생을 살 수밖에 없습니다. 의식적인 노력으로 잠재의식에
우리의 소망을 전달하는 일은 상상력이 작동하는 원리입니다.

소망은 이미 성취되었다는 믿음은 일반적인 상식을 갖춘 사람이
라면 받아들이기 힘든 진실입니다. 우리의 소망은 그 자체로 잠재
의식에 강하게 흔적을 남기기 때문에, 잠재의식은 소망을 이루기
위해 우주의 모든 원인을 조정하기 시작합니다. 그래서 결국 소망
은 성취될 것이라는 말은 진실입니다. 잠재의식은 인간이 상상하기
힘든 초월적인 힘으로 방법을 찾아냅니다.

잠재의식의 힘에 연결되기 위해서는 외부 세계보다 내면에 관심을 가지며, 고요함을 자주 찾아야 합니다. 경제 활동은 인간 소망의 결과입니다. 상업은 인간의 욕망을 반영하고 있습니다. 어떤 생각이든 결국 결과를 만들어 냅니다. 영적인 것이 항상 우선입니다. 생각은 영적입니다. 생각은 비슷한 생각을 끌어당깁니다. 걱정 다음엔 더 큰 걱정거리가 떠오르는 것도 바로 이런 이유 때문입니다.

우리가 긴장을 하게 되면, 무한한 근원과의 연결이 끊어집니다. 무한한 근원과 연결이 끊어진 생각과 행동은 힘이 없습니다. 힘을 얻기 위해서는 힘을 의식해야 합니다. 미래를 찬란하게 만들기 위해서는 생각으로 이상을 아름답게 만들어야 합니다. 불행한 의식에는 불행한 여건이 따라옵니다.

우리가 절대적인 존재를 의식할수록 조건이나 한계를 덜 느끼게 됩니다. 우리가 경험하는 현실은 모두 상대적이고 한계가 있으며, 영원하지도 않습니다. 집중하기 위해서는 긴장을 풀어야 합니다. 당신이 모든 일이 해나간다고 생각하지 마세요. 당신 뒤에는 인간의 지성과 비교도 안 되는 초월적인 존재가 일을 하고 있습니다.

많은 것, 큰 것을 원하고, 최고의 것을 추구하는 데 주저하지 마시길 바랍니다. 우주는 자기를 풍요롭게 표현할 길을 찾고 있습니다. 각 개인은 하나의 통로입니다. 우주의 목적과 조화를 이루는 사람은 풍요로운 삶을 누리게 됩니다.

인간이 감각기관으로 받아들이는 현실은 불완전하고, 진실도 아닙니다. 우리는 내부 세계에서 진리를 찾아야 합니다. 세상에 자기 가능성을 표현하고자 하는 욕망은 생명체라면 당연한 권리입니다. 우리는 더 크고 자유롭게 권리를 주장해야 합니다.

잠재의식 속에 소망이나 문제에 대한 해답이 담겨 있습니다. 잠재의식은 우주를 가능하게 한 정신입니다. 창조가 우리 삶의 핵심이 되어야 합니다. 우주는 근본적으로 창조적입니다. 파괴적인 생각이 우주와 조화를 이룰 수 없는 이유입니다.

외부 세상이 아닌 절대적인 내면세계를 찾은 사람은 지혜, 통찰, 영감 모두를 얻을 수 있습니다. 내면을 바라보는 사람은 드뭅니다. 사람들은 외부에서 해결책을 찾으려는 경향이 있습니다. 물질 세상은 결과의 차원이기 때문에 지속적인 행복을 찾기 힘듭니다. 사람은 영적인 것이 충족되었을 때 지속적인 만족을 얻습니다.

풍요로운 여건이나 환경을 만드는 것은 인간에게 매우 중요한 일입니다. 여건은 결과이기 때문에 내면세계를 아름답게 구상함으로써 변화시킬 수 있습니다. 항상 원인을 찾아야 합니다.

지금의 당신은 과거 생각의 총합입니다. 인간이 할 수 있는 큰 봉사는 건설적이고 긍정적인 생각으로 세상에 가치를 주는 것입니다. 많이 줄수록 많이 받습니다. 바른 마음가짐은 물질을 끌어당기는 자석입니다. 물질은 결과이고, 원하는 물건을 가지려면 그에 해당하는 의식 상태가 우선되어야 합니다.

눈에 보이는 것은 전부 결과의 차원이고, 세상의 궁극 원인은 당신 마음속에 존재합니다. 생각만이 결국 실체라고 볼 수 있습니다. 우주가 생겨난 것도 무한한 정신이 생각을 했기 때문입니다. 생각하기는 최고의 노동력 절감 수단입니다. 우리가 생각을 소홀히 하면, 시간을 낭비해야 하며, 그만큼 결과도 적을 것입니다.

외부에서 비롯되는 모든 것은 불안정하므로, 과도한 의존성을 탈피해야 합니다. 행복과 조화는 마음의 상태입니다. 당신은 지금 당장 행복해질 수 있습니다. 행복의 무한한 샘이 자기 안에 있다는 것을 깨달을 때, 물질적인 여건도 의식 상태를 따를 것입니다.

긴장을 풀면 바른 생각을 할 수 있습니다. 두려움과 불안이 실수와 실패의 원인입니다. 바른 생각은 풍요로운 현실을 만들어 냅니다. 세상은 자기 내면을 정확히 반영합니다. 내면의 무한한 공급원은 우리를 창조 마인드로 이끕니다. 세상이 경쟁적인 것은 외부에서 힘과 능력, 자원을 얻으려고 하기 때문입니다.

모든 한계는 스스로 만드는 것입니다. 절대적인 존재를 의식할수록 무한한 에너지가 나옴을 느낄 수 있습니다. 인간의 상상에 버금가는 도구는 없습니다. 상상은 어떤 것이든 외부 현실에 나타나게 합니다. 눈에 보이는 현실이 결과일 뿐임을 알고 자기 이상에 집중하는 주의력이 필요합니다.

당신은 불안, 두려움, 초조, 긴장, 걱정, 질투, 시기 등 모든 부정적인 감정에서 벗어날 수 있습니다. 당신이 이 모든 것을 초월한 존재입니다. 삶은 외부로의 드러남입니다. 외부에서 덧붙이는 것이 아닙니다. 당신이 가진 것만 드러날 수 있습니다.

내면의 현실에만 신경 쓰면 외부의 현실은 개선됩니다. 모든 상황과 사건의 발단은 당신에게 있습니다. 찰나의 생각도 하나의 행동입니다. 무의미한 육체 행위보다 우주에 큰 영향력을 발휘할 수 있는 에너지입니다. 우리는 잠재의식의 힘을 제대로 활용하지 않으면 매우 제한된 삶을 살 수밖에 없습니다.

우리는 잠재의식을 통해 우주의 의식과 연결됩니다. 모든 깊고 영향력 있는 생각은 멀리 떨어진 보이지 않는 영역에서 비롯됩니다. 상상력은 현실을 이상에 따라 조정하는 힘입니다. 우리는 고상한 존재가 되어야 가장 좋은 것과 만나게 됩니다. 우주의 의식은 잔잔한 호수와 같습니다. 이 호수에 어떤 돌을 던질까는 우리의 생각에 달려 있습니다. 우리의 생각이 건설적이고, 긍정적이라면 아름다운 파문이 일어날 것입니다. 항상 마음을 조화롭게 유지하면 조화로운 여건이 나타날 것입니다.

소망을 이루는 사람은 그림으로 생각할 줄 아는 사람입니다. 모든 에너지는 내면의 깊은 곳에서 비롯됩니다. 환경은 내면의 지배적인 상태를 반영합니다.

인생은 한정된 자원을 나누기 위해 투쟁하는 게임이 아닙니다. 공급원은 무한하기 때문에 우리는 창조력을 발휘하기만 하면 됩니다. 공급이 제한되어 있다는 생각은 우리를 경쟁으로 내몹니다.

잠재의식은 우리가 활용하기를 기다리는 보물창고와 같습니다. 두려움은 하루빨리 물리쳐야 하는 적입니다. 두려움은 태양을 가리는 구름과 같습니다. 호흡을 깊게 하는 과정을 통해 우리는 잠재의식의 힘에 접근할 수 있습니다.

지금 이 순간의 사소한 행동이 인생의 전환점으로 작용할 수 있습니다.

습관적으로 생각하는 것이 아니라, 의도적으로 소망을 크게 가짐으로써 생각을 확장시킬 수 있습니다. 전과 다른 결과를 얻거나, 인생을 완전히 전환시키기 위해서는, 완전 다른 방식으로 생각할 줄 알아야 합니다. 자기를 외부의 현실에 맞추지 않고, 비범한 소망을 잠재의식에 각인시킴으로써 영감과 통찰력을 얻을 수 있습니다. 유한한 존재인 우리는 우주 의식의 지성을 헤아릴 수 없습니다.

모든 일은 자기 내면에서 시작됩니다. 우리는 외부의 현실을 자기와 분리하려는 경향이 있는데, 사실 외부의 현실은 마음의 반영입니다. 따라서 자기 마음을 다스릴 수 있으면 운명을 바꿀 수 있는 것입니다. 우리는 원인을 조정할 수 있습니다.

풍요에 집중하는 사고방식으로 자기 여건을 개선할 수 있습니다. 우리는 걱정과 후회에 시간을 많이 쏟습니다. 가장 큰 적은 두려움입니다. 이 감정은 건설적이고 창의적인 생각을 가로막습니다. 우주의 마음은 근본적으로 창조적이기 때문에 두려움은 근원이 없는 감정입니다.

얼마나 평안한 상태에서 주의력을 집중시키는지가 중요합니다. 평안한 상태를 유지하는 것은 우주가 우리 대신 일하도록 하는 것입니다. 모든 일이 가볍고 자연스럽게 이루어질 때 우리는 흐름을 타는 것입니다.

우리는 보다 중요한 일을 하기 위해서 더 많이 고요해져야 합니다. 고요한 가운데 절대 존재의 힘을 의식하게 됩니다. 이 존재는 우리의 생명을 유지하고, 호흡에 관여하며, 소망을 이루기 위한 최적의 방법을 제공합니다. 보이지 않는 차원에서 당신의 소망은 이미 이루어졌습니다. 현상으로 드러나는 것은 결과의 차원이자, 시간의 흐름에 따라 진행됩니다. 사람은 기본적으로 눈으로 보는 것을 믿기 때문에 믿음을 갖기가 어려운 것입니다.

우주의 마음은 하나이기 때문에 상상 속 명확한 이상을 그리면 우주는 당신의 소망을 위해 모든 힘을 가동하기 시작합니다. 각 개인의 마음은 하나의 마음을 공유하고 있습니다. 그래서 당신은 자연스럽게 소망을 달성할 수 있는 것입니다.

의심, 불안, 두려움 등의 감정은 창조력을 멈추게 합니다. 우리는 일체의 부정적인 감정을 던져 버려야 합니다. 이것은 자기가 원하는 것에 집중함으로써 이루어질 수 있습니다. 내면세계를 원인으로 당신은 이 세상에서 모든 것을 경험하게 됩니다.

상상력은 우주의 정신이 작동하게 하는 힘입니다. 상상력은 강한 파문이자 에너지입니다. 세상의 모든 물질은 상상력이 원인입니다. 우리가 살고 있는 우주마저도 우주의 정신이 생각했기 때문에 존재합니다. 풍요롭고 창조적인 생각은 우주의 정신과 조화로운 생각입니다.

인간은 자기가 생각한 만큼 살 수 있습니다. 그렇기 때문에 우리는 생각을 크게 하고 살아야 합니다. 자기 가능성을 무한히 드러내는 삶이 진정 행복한 삶이기 때문입니다. 내면에 이미 있는 것만 경험할 수 있습니다.

생각은 잠재의식과 몸을 지배할 수 있습니다. 생각에 따라 우리는 상황을 겪고, 특정 환경에 둘러싸이게 됩니다. 당신이 지금 있는 곳은 생각의 결과입니다. 환경을 바꾸고 싶으면 생각을 바꾸어야 합니다. 생각은 행동을 촉발해 다른 장소로 당신을 이동시킵니다. 우주와 조화를 이루는 생각은 당신을 가장 최적의 장소로 이끕니다.

세상은 당신의 소망이 펼쳐지는 무대입니다. 생각으로 가능한 것은 물질 현실로도 가능합니다. 큰 생각은 큰 부를 가져옵니다. 항상 인류 전체의 관점에서 생각하는 습관을 가지세요.

사람들은 원하는 것이 전부 다릅니다. 우리는 남과 경쟁하지 않아도 원하는 것을 이룰 수 있습니다. 모든 만물은 보이지 않는 영역에서 비롯되기 때문입니다. 씨앗을 심고 방해하지 않는다면 열매를 맺습니다. 호흡을 조절하는 것은 의식 수준을 높이는 지름길입니다. 편안한 상태에서 소망하는 것은 사랑의 힘과 결합됩니다. 사랑은 가장 강력한 주파수입니다.

우리는 주는 만큼 받습니다. 생각이 유일한 실체임을 깨달으면 자기 이상에 집중할 수 있습니다. 무언가가 생기려면 그것이 사람의 내면에 먼저 존재해야 합니다. 존재하지 않는 것은 생겨날 수 없습니다. 긍정적인 생각이 부정적인 생각보다 힘이 세다는 것은 우리에게 위안이 됩니다. 완벽하게 긍정적인 생각만 할 수는 없더라도, 지배적인 마음이 건설적이라면 좋은 것만 만나게 됩니다.

모든 소망은 사랑입니다. 건설적이고 창조적인 소망은 우주의 의지력을 작동시킵니다. 사랑은 모든 부정성을 상쇄시키는 힘입니다. 우주의 마음은 하나이기 때문에 사랑의 힘은 우주에 강한 파문을 일으킵니다. 기쁨, 사랑은 인간이 경험할 수 있는 가장 높은 주파수의 감정입니다.

상상은 가장 큰 보상이 따르는 행위입니다. 상상은 외부에서 결과를 다루는 일이 아닌, 근본적인 원인을 다스리는 일입니다. 인간은 음식을 통해 에너지를 공급받고, 비로소 생각할 수 있는 힘이 생깁니다.

삶은 생각대로 펼쳐지는 놀라운 신비입니다. 인생에서 가장 중요한 사업은 바르게 생각하는 일입니다.

위대한 정신은 위대한 환경을 불러들입니다. 우리가 어떤 존재인가는 우리의 여건을 보면 알 수 있습니다. 내면을 조정하면 언제라도 우리는 나은 환경에서 살 수 있습니다. 늦은 때라는 건 없습니다.

긴장의 이완은 우리를 창의적인 인간으로 변화시킵니다. 창의적인 해결책을 찾으려면 우리는 고요한 시간을 많이 가져야 합니다. 무언가를 갖기 전에 어떤 존재가 되어야 합니다. 창조력은 소망을 품는 동시에 실행됩니다.

고상한 의식 수준은 모든 것을 아우르며, 모든 것을 포용하고 끌어당깁니다. 절대적인 힘을 가까이할수록 우리는 조건과 한계가 없음을 느낍니다. 지금 이 순간 조화와 행복의 의식 수준을 유지하고 있으면 모든 소망은 이루어집니다. 힘을 의식할수록 매 순간 성공적인 행위를 하게 됩니다.

남의 생각에 의존하는 삶은 노예의 삶이자, 자동인형의 삶입니다. 생각하는 일을 게을리하는 순간부터 고난과 역경이 들이닥칩니다. 우주는 우리를 위해 존재합니다. 지혜를 얻을 때까지 우리에게 역경은 끊이지 않을 것입니다.

우주 의식은 보이지 않는 힘을 믿는 사람들을 적극 지지하며, 우호적입니다. 사람들은 보는 것만을 믿으려는 경향이 있기 때문에 외부 현실에서 모든 일을 하려고 합니다. 믿음이 굳건한 사람이 드물기 때문에 성공하는 사람도 드문 것입니다. 성공이란 자기가 원하는 대로 되는 것입니다. 자기가 원하는 삶을 사는 사람은 매우 드문 사람입니다.

타고난 재능으로 자기가 원하는 삶을 사는 것이 아닙니다. 바르게 생각하는 법을 훈련을 통해 익히게 되면, 초월적인 힘을 지니게 됩니다. 우리는 더 이상 억지스러운 노력에 의존하지 않아도 되며, 우주로부터 선물을 받으면 됩니다.

외부로만 향하려는 충동을 억제하고, 자기 생각과 감정을 지켜볼 수 있으며, 의도적으로 소망을 선택하고 집중하는 사람은 운명을 다스릴 수 있습니다. 언제나 무엇을 하느냐 가 아니라, 어떻게 하느냐가 중요합니다. 어떻게 하느냐는 의식 상태에 달려 있습니다.

'소망이 이미 이루어진 사실'이라는 진실을 받아들일 수 있는 정도에 따라 의식 수준을 점검할 수 있습니다. 집중력을 꾸준히 유지하기란 쉽지 않습니다. 확고한 비전이 있다면 주의력이 분산되지 않습니다. 명확한 이상이 없는 사람들은 오를 산을 정하지 못하고 방황하는 것과 같습니다.

우리는 자기 생각만큼 인생을 살 수 있습니다. 바른 생각을 통해 우리는 다른 존재가 될 수 있습니다. 인간은 생각하는 존재이고,

생각의 반영물인 건강, 외모, 환경에도 책임을 져야 합니다. 생각이 모든 것의 원인이라는 것은 반가운 진실입니다. 그만큼 인생은 얼마든지 변할 수 있기 때문입니다. 내부 세계를 발견한 사람은 깨달음을 얻은 사람입니다. 그 사람은 모든 힘이 내부에서 나온다는 진실을 알고 있습니다.

우리는 마음속에 지닌 것만 가질 수 있고, 될 수 있으며, 할 수 있습니다. 자연의 모든 속성은 인간의 마음속에 근원이 들어 있습니다. 외부 세계만이 가장 현실적이라고 생각하는 사람은 창조력을 발휘할 수 없습니다. 그들은 상황의 노예이자, 경험에 의존할 수밖에 없습니다. 자기가 생각한 대로 살 수 없는 사람들입니다.

진정한 행복은 내부로부터 드러남입니다. 행복한 의식 상태는 모든 좋은 조건을 만들어 냅니다. 자기의 사소한 행동이 우주에 엄청난 파장을 일으키고 있는지 모릅니다. 깊은 곳으로부터 우러나온 생각은 생명력을 갖습니다. 우리가 긴장을 이완시킨다면, 더 중요한 일들을 해나갈 수 있습니다.

마음속 영상화 작업은 모든 일이 그렇듯이, 습관화되면서 더 쉬워집니다. 그림 그리기는 주관적인 과정이라 눈으로 대상을 바라보는 것과는 매우 다릅니다. 우리의 소망에 생명력을 부여하는 과정입니다. 미래의 시사회와 같습니다. 마음속 이미지는 의식 수준에 따라 현실에 나타날 원형입니다.

내면의 힘을 의식하는 정도가 늘어날수록 우주와 그만큼 조화를 이루게 됩니다. 조화를 이루는 정도는 소망의 현실화 속도를 증가시킵니다. 우주는 소망의 크기를 구분하지 않습니다. 영적인 차원에서 진행되는 일은 인간의 상상으로는 가늠하기가 어렵습니다.

소망이 이루어진 사실이라고 생각하면, 우리는 편한 마음으로 인생을 살아갈 수 있습니다. 걱정, 불안, 두려움에서 벗어나는 것입니다. 고양된 의식은 하루아침에 이루어지지 않습니다. 성공적인 기업가는 외부현실이나 요인에는 관심을 기울이지 않고, 자기 마음 상태만을 점검합니다. 바른 마음가짐만이 성공의 원인임을 누구보다 절실히 깨닫고 있습니다. 무한한 우주의 정신을 자기 사업에 활용합니다. 궁극적으로 자기는 우주 정신의 출구라는 진실을 알고 있습니다.

우리가 원하는 인생을 살기 위해서는 하루빨리 영적인 지능을 계발해야 합니다. 생각이 어떻게 잠재의식에 작용하고, 소망이 어떤 식으로 이루어지는지 알아야 합니다. 외부 현실에는 보다 적은 관심, 내면에서 필요한 모든 것을 얻으려는 습관을 가져야 합니다.
다른 사람들에게 더 많은 생명을 주는 방식으로 봉사하는 사람은 커다란 보상을 받게 됩니다. 당신이 하는 일이 생명이 더 증가

하는 목적에 기여할 때, 결과적으로 당신의 부도 증가할 것입니다.

우주는 자기를 풍요롭게 표현할 출구를 끊임없이 찾고 있습니다. 당신이 우주의 목적에 기여하게 될 때 결과적으로 부유해지고, 충만한 삶을 살 수 있습니다. 각 개인은 다양한 통로가 될 수 있습니다. 생각은 우주의 근원에 작용하고, 우주의 근원은 생각이라는 형틀을 이용하여 형상을 만들어 냅니다.

우리는 영적인 존재이기 때문에 완벽할 수밖에 없습니다. 우리는 태어나서부터 지금까지 여러 조건과 한계, 자격에 대해 들어왔습니다. 당신의 내면에서 우주의 지혜를 얻게 되면, 더 이상 여러 제약이 없는 존재로 거듭나게 됩니다.

소망이 실현되고 있는 영적인 과정을 볼 수 있어야 합니다. 우리는 드러난 결과만 보고 좌절하기 쉽습니다. 소원은 일종의 씨앗입니다. 씨앗이 심어졌고, 건드리지만 않는다면, 씨앗은 새싹이 되기 위해 자기에게 필요한 모든 것을 끌어당기기 시작합니다. 싹이 당장 눈에 보이지 않는다고 근본이 사라진 것은 아닙니다.

우리는 물질 세계에서 단순히 이리저리 움직이는 존재가 아닙니다. 생각의 힘으로 자기 이상을 만들고, 결과인 여건을 개선할 수 있는 존재입니다.

모든 발전, 성장, 치유, 힘은 내면에서 나옵니다. 상처가 저절로 회복되고, 호흡이 저절로 이루어지듯, 우주는 인간이 상상하기 힘든 정신이 지탱하고 있습니다. 이 힘과 얼마나 협력하느냐가 앞으로의 인생을 좌우합니다. 이 힘을 의식하지 못하는 사람은 과도한 노동, 보잘것없는 보상, 질병에 노출되는 육체 등에 시달릴 것입니다.

마음은 정말 미묘합니다. 가만히 방치하면 우리는 마음의 노예가 되기 쉽습니다. 자동적으로 생각이 일어나는 경향이 있기 때문입니다. 자기가 원하는 방향으로 생각을 다스릴 수 있어야 합니다. 자기 여건은 축적된 생각의 결과입니다. 인생의 방향키는 생각하는 능력이 쥐고 있습니다.

우리의 소망이 이미 이루어졌다고 믿어야 합니다. 그러면 이루어질 것입니다.

머리가 저절로 자라나듯, 우주는 보이지 않는 영역에서 생명이 자라납니다. 모든 힘과 성장이 내부에서 비롯된다는 사실은 놀라운 신비이자 희망입니다. 우리는 내부의 영감을 통해 인생을 전환시킬 수 있는 것입니다. 당신의 소망은 우주에 작용하여, 아이디어와 영감이 촉발하는 계기가 됩니다. 당신은 가장 적절한 방법으로 훌륭한 일을 수행하게 됩니다.

우주의 힘은 동물과 식물, 그리고 각 개인을 통해 드러나고 있습니다. 이 힘과 조화를 이루고 출구를 잘 유지하는 사람만이 풍요로운 삶을 살 수 있습니다. 내부의 힘은 결코 고갈되지 않습니다. 내부 세계는 무한한 공급원입니다. 부를 원하는 마음이 모든 풍요의 원인입니다.

뿌린 대로 거둔다는 말은 우리의 소망에도 적용되는 말입니다. 우리의 소망은 일종의 씨앗입니다. 심고 방해하지 않는다면 열매를 거둘 것입니다. 우리는 보이지 않는 창조 과정을 신뢰해야 합니다. 우리의 생명은 눈에 보이지 않습니다. 우리는 영혼을 빼면 아무것도 남지 않는 영적인 존재입니다.

내부의 원인을 다스리는 법에 익숙해지면, 자기 뜻대로 인생을 설계하고, 설계한 그대로 살아갈 수 있습니다. 돈을 고생해서 벌 필요도 없고, 과도한 노동에 마음이 무뎌지지 않아도 됩니다.

몸을 통제하려면 생각을 통제해야 합니다. 몸은 생각의 지시를 받아 움직입니다. 우리는 몸이라는 도구를 가진 영혼입니다. 우주는 매 순간 창조가 진행되는 놀라운 신비입니다. 우리는 이 신비를 너무 익숙한 시선으로 바라봅니다.

무의식적 창조가 아닌, 의도적인 창조가 필요합니다. 우주의 정신은 따지지 않습니다. 당신이 품은 생각을 그냥 창조할 뿐입니다. 부정적이고 파괴적인 생각도 창조가 진행되기 때문에 우리는 비슷한 현실을 만나게 됩니다. 생각의 선택이 매우 중요한 이유입니다.

소망은 사랑입니다. 사랑은 가장 큰 주파수를 가집니다. 세상에 가치를 제공하고, 봉사하는 것은 사랑을 나누는 일입니다. 모든 위대한 발명, 사상, 기업은 사랑의 정신에서 비롯되었습니다. 사랑은 우주에 가장 큰 영향력을 미치는 진동입니다.

사랑은 모든 거짓을 사라지게 하고, 수많은 사람들에게 오랜 세월 동안 감흥을 남깁니다.

우리가 각자의 일로 분주하게 뛰어다니기만 하면 전능한 우주의 힘과 연결될 시간을 마련할 수 없습니다. 고요함 속에서 우주의 정신과 연결될 수 있기 때문입니다. 우리는 항상 내면의 감정이 조화로운지 살펴야 합니다. 외부 세계는 내부 세계를 그대로 반영하는 거울입니다.

항상 자원은 널려 있다는 사실을 깨닫도록 해야 합니다. 항상 여유로운 마음을 가지고 자기 소망에 집중하면 우주의 초월적인 힘은 우리를 위해 작동합니다. 우주는 항상 비슷한 것끼리 모이는 법칙이 작용하고 있습니다. 친구를 보면 그 사람을 알 수 있듯이, 당신의 생각은 강력한 자석입니다.

경험하는 현실을 바꾸기 위해서는 내면의 생각을 통제해야 합니다. 생각을 다스리는 일에 당신의 인생이 걸려 있습니다. 당신이 원하는 대로 사는 것은 절대 외부의 요인에 좌우되는 것이 아닙니다. 근본적인 원인을 다루지 않으면 우리는 상황의 노예가 될 수밖에 없습니다.

우리는 의식이, 우리가 생각하는 바를 만들어내고 실제로 가까이 가져다준다는 점을 알면서도 두려움과 걱정과 실망을 없애버리지 못합니다. 이것들 또한 강력한 생각들입니다. 우리는 이런 생각들을 함으로써 우리가 바라는 것을 계속해서 더 멀리 내쫓는 셈이니, 한 걸음 다가서면 두 걸음 물러서는 꼴이 될 때가 많습니다.

– 찰스 해낼 –

우리에게 희망인 것은 용기, 사랑, 소망 같은 감정이 부정적인 감정보다 힘이 훨씬 세다는 것입니다. 의지력은 긍정적인 생각을 집중적으로 유지하는 데 사용해야 합니다. 걱정과 불안은 우리 마음속에서 완전히 지워버릴 수 있는, 근원이 없는 감정입니다. 고요함은 우리가 의도적으로 생각을 선택할 기회를 마련해 줍니다. 모든 위대한 성취는 조용함에서 비롯됩니다.

무한한 자원을 활용하는 것은 우리의 권리입니다. 우리는 권리를 주장해야 하고, 더 큰 것을 원했을 때 큰 것을 돌려받습니다. 그러기 위해서는 먼저 세상에 줘야 합니다. 무한한 공급원이 항상 주위에 널려 있다는 것은 진실입니다.

당신의 내부에 걱정, 불안, 두려움이 남아 있다면, 그만큼 소망이 지체되는 것입니다. 소망은 이미 사실이지만, 우리는 받는 것을 지체하면 안 됩니다. 당신 마음속에 모든 상황의 원인이 들어 있습니다. 눈으로 드러나는 것은 결과의 차원일 뿐입니다. 보통 사람들은 마음속 무한한 공급원을 마음껏 사용하지 못한 채 살아갑니다. 모든 자원을 외부에서만 구하려고 하니 실패하는 것입니다.

당신은 지금까지 수십 년을 살아왔습니다. 인생의 전환점을 맞이하기 위해서는 마음을 백지 상태로 만들고 다시 시작해야 합니다. 백지 상태에서 건설적이고 긍정적인 생각을 선택해야 합니다. 당신은 생각이라는 재료로 지금까지의 당신을 만들어 왔습니다. 우리는 다시 새로운 재료를 선택할 수 있습니다.

돈 걱정, 빚 걱정을 하는 사람은 같은 조건을 계속 불러올 것입니다. 당신이 경제적으로 자유로워지고 싶다면, 풍요만을 생각해야 합니다. 돈은 고생해서 벌어야 한다는 생각을 고수한다면, 당신은 평생 고생하게 될 것입니다. 돈은 주위에 널려 있고, 우리는 생각을

통해 돈을 얼마든지 벌 수 있습니다. '돈은 시간과 바꾸는 것이다'
라는 생각을 가지고 있다면, 평생 모을 수 있는 돈은 한계가 있습
니다. 우리가 영원히 살 수는 없기 때문입니다.

지금 내면의 행복을 느끼는 것이 모든 좋은 것을 끌어당기는 비
밀입니다. 당신이 기쁨을 느낄수록, 우주에는 사랑의 파장이 전달
됩니다. 평범한 상식을 갖고 사는 사람들은 우주의 모든 것이 보이
지 않는 정신에서 비롯된다는 것을 믿기 힘들 것입니다. 손톱보다
작은 씨앗에서 천년을 넘게 성장하는 자이언트 세쿼이어 나무를
생각하면, 보이지 않는 우주의 정신에 경외감을 느끼게 됩니다.

작은 씨앗에서 나온 세계 최대의 나무는 어떻게 성장하는 것일
까요? 씨앗은 자기에게 필요한 모든 것을 끌어당깁니다. 인간의 삶
도 다르지 않습니다. 우리는 발전에 필요한 모든 것을 끌어당길 수
있습니다.

인간의 한평생은 확장의 과정입니다. 우리는 성장하면서 필요한
물질을 축적하며, 자식을 낳고, 세상에 여러 가치를 전달합니다. 생
명에 도움이 되는 가치를 제공하는 사람은 부자가 될 수밖에 없습
니다. 우주의 법칙은 근본적으로 우리를 위해 존재하기 때문입니
다. 우주의 힘은 더 많은 생명을 주려는 쪽으로 작용합니다.

우주의 힘을 적극 활용하는 방법은 자기 간절한 소망을 잠재의식에 각인시키는 것입니다. 평범한 사람들은 노력에 의지하지 않고 소망만으로 어떻게 원하는 바를 이룰 수 있냐고 말합니다. 하지만 자기가 바라는 바가 명확하지 않을 때 우리는 더 노력에 의지해야 하는 삶을 살게 됩니다. 자기가 원하는 바가 분명하지 않은 상태에서, 노력만을 강조하는 삶은 오를 산을 정하지 않고 방황하는 것과 같습니다. 잠재의식에 각인된 소망은 목적지로 자연스럽게 우리를 안내하는 일종의 장치입니다.

눈에 보이지 않는 공급량을 볼 수 있어야 창조 마인드가 가동됩니다. 당신의 잠재력은 지금 처해 있는 조건, 환경을 초월해 있습니다. 당신의 잠재력은 충분히 발휘되지 않고 있습니다. 우주의 정신은 당신이 출구를 활짝 열기를 기다리고 있습니다.

인간은 가능하면 자기가 필요한 모든 재화와 자원을 끌어모아, 풍요로운 삶을 누려야 합니다. 자본이 있어서 부자가 되는 것이 아닙니다. 우리는 소망을 이루기 위해 우주의 잠재력을 활용함으로써, 자본을 얻을 수 있습니다. 자본은 교환가치입니다. 우리의 생각과 아이디어는 자본이 됩니다.

좋은 일만 생긴다고 믿으면 좋은 일만 생길 것입니다. 당신은 창조자입니다. 모든 것은 당신 생각 때문에 발생하는 조건입니다. 내면에서 하루를 미리 창조할 수 있습니다. 이상적인 하루를 맞이하고 싶다면, 마음속에 미리 그 하루를 그림으로 창조하면 되는 것입니다.

각자의 내면에는 알라딘의 요술램프, 연금술의 근본 원리가 담겨 있습니다. 우주를 창조한 정신이 똑같이 내면에서 상주하는 것입니다. 이 찬란한 힘에 비하면 물질 세상에 존재하는 모든 것이 미미하게 보일지도 모릅니다. 생각은 동적인 에너지이고, 우주의 근본 물질은 생각을 형틀로 물질 세상에서 형상을 만들어 냅니다. 우리의 미래는 전적으로 어떤 생각을 하느냐에 달린 것입니다.

우리가 가장 먼저 알아야 할 것은 마음의 과학입니다. 가장 고차원적인 과학이며, 우리의 삶에 직접적인 영향을 미치는 원리를 아는 것이기 때문에, 하루빨리 반복을 통해 습관적인 사고로 자리잡아야 합니다. 익숙하지 않은 개념을 처음 받아들이기 어려운 것은 우리의 영적 지능이 아직 미숙하며, 이해에 필요한 뇌세포가 자리 잡지 않았기 때문입니다.

진리를 찾는다 함은 궁극의 원인을 찾는 것입니다. 알다시피 모든 경험은 결과입니다. 그렇다면 만약 원인을 찾아낼 수 있고, 그것이 의식적으로 제어 가능하다는 것을 알게 된다면, 결과도 제어할 수 있습니다. 그렇게 되면 인간의 경험은 더 이상 운명의 장난감이 되지 않을 것입니다. 인간은 운명의 자식이 아니며, 운명과

숙명과 행운은 쉽게 제어될 것입니다.

- 찰스 해낼 -

우리는 내부 세계와 동일한 경험을 외부 세계에서 하게 됩니다. 외부는 그림자일 뿐입니다. 근본적으로 소원을 성취하는 과정을 다스리는 것은 우리가 아닙니다. 우리 안의 우주가 모든 일을 다 해냅니다. 우리가 하는 일은 소원을 명확하게 정의하는 일입니다. 소망이 불분명하고 모호하면 전달하는 일에 실패하고 맙니다.

우리가 진리에 정통하고, 가까이 지내면 진실한 것을 창조할 수 있습니다. 진실한 것은 세월의 흐름을 빗겨가는 명작을 탄생시킵니다. 외부의 결과물에 덧대서는 절대 만들어질 수 없는 성취인 것입니다. 우리는 무한한 지혜를 활용하여 자기가 원하는 모든 혜택을 누릴 수 있습니다. 우리가 진리를 알게 될 때까지 온갖 역경이 닥칠 것입니다. 우주는 근본적으로 우리의 생명을 위해 존재하기 때문에, 역경 자체도 우주의 깊은 뜻이 담겨 있습니다.

자기 재산, 여건, 환경이 과거의 생각이라는 것을 인정하게 될 때, 우리는 운명을 변경할 새로운 가능성을 발견하게 됩니다. 우리는 스스로 운전대를 잡게 되며, 언제라도 노선을 변경할 수 있습니다. 건강, 풍요, 사랑은 모두 우리의 의식 상태를 말해주기 때문입니다.

감각으로는 진리를 경험할 수 없습니다. 진리는 내면에서 발견될 수 있습니다.

우리는 내부 세계에서 경험한 것을 외부 세계에서 그대로 겪습니다. 외부에서 결과만을 바꾸려는 오래된 습관을 버려야 합니다. 자기 마음속에 긴장과 불안의 감정이 남아 있는지 살펴야 합니다. 조화로운 마음은 기쁨이 샘솟고, 편안한 마음입니다. 믿음이 굳건할수록 창조 과정을 가속화됩니다. 정신만이 유일한 실체이고, 물질은 수많은 세월 동안 사라지고 생겨나기를 반복합니다.

당신이 가장 신경 써야 할 것은 사회 현실이 아닌, 당신 내면의 현실입니다. 당신이 겪게 될 모든 경험의 원인은 내면에서 비롯되기 때문입니다. 미래의 건강, 재정 상태, 행복 이 모든 가치는 지금 당신의 내면 상태에 달려 있습니다.

우리는 자기와 비슷한 대상을 끌어당기고, 환경에 처하게 됩니다. 내면을 조화롭게 만들게 가장 좋은 것들로만 둘러싸이게 됩니다. 세상의 모든 활동은 보이지 않는 영역에서 먼저 시작됩니다. 우리는 항상 보는 것에 익숙하므로 내면에 관심을 기울이기 어려운 것입니다. 모든 힘은 내부에서 나온다는 것을 의식할 때 우리는 무한한 힘을 자유롭게 활용할 수 있습니다.

우리는 자기 생명을 세상에 많이 줄 때, 많은 생명력을 다시 받을 수 있습니다. 우리가 하는 일에 잠재의식의 힘을 많이 활용할수록 일이 더 쉬워지며 성공적일 수 있습니다. 우리는 근본적으로 영적인 존재이기 때문에, 완벽하지 않을 수 없습니다. 조건과 한계에 갇힌 존재라는 착각만 걷어내면 됩니다.

생각의 위대한 힘을 깨달으면서, 우리는 운명을 통제할 지혜를 얻고 있습니다. 우리는 더 이상 고생하지 않아도 되며, 가벼운 마음으로 살아갈 수 있습니다. 우리의 의식 수준이 고양되며, 더 이상 우리의 소망은 미래의 어느 시점에 이루어지는 것이 아님을 깨닫게 됩니다. 미래와 소망은 바로 우리 옆에 있으며, 그것은 전적으로 우리 생각에 달려 있다는 진실 말입니다. 인간이 정복할 수 있는 세계는 오직 내면뿐이며, 내면을 다스리는 것이 온 세계를 다스리는 것임을 깨닫게 됩니다. 우리가 원하는 물질은 내면의 찬란한 실상에 비하면 불안정하다는 사실도 알게 됩니다.

철저히 자기만을 돌보는 사람은 결과적으로 세상에 봉사하게 됩니다. 자기를 돌본다는 것은 절대적인 진실을 내면에서 구한다는 뜻입니다. 당신은 자기가 뜻하는 사람이 될 수 있습니다. 진실은 모든 거짓을 사라지게 합니다. 진실된 말은 시간과 공간을 초월하여 인류에게 영향을 미칩니다.

당신 내면에서 온갖 부조화, 두려움, 불안, 걱정, 후회, 결핍, 한계를 완전히 없앨 수 있다면, 당신은 뜻하지 않게 우주에 조화로움을 가져올 것입니다. 모든 힘이 내면에서 나온다는 지각은 우리를 더 이상 외부에서 방황하게 만들지 않습니다. 우리는 의도적으로 긴장을 풀고 살아야 합니다. 의심과 두려움은 부의 의식이 아니라, 가난의 의식입니다. 생명이 흐르는 통로를 차단하는 장애물이기 때문에, 하루빨리 물리쳐야 합니다. 두려움을 없애고 싶으면 용기에 집중해야 합니다.

우리는 생각에 의해 현실을 창조합니다. 현실은 외부에서 우리에게 다가오는 것이 아니라, 내면이 거울처럼 반영된 것입니다. 우리는 소원이 이미 이루어졌다고 생각할 때 차분해질 수 있습니다. 연약한 사람들에게는 이해되기 매우 힘든 진리일 것입니다. 항상 내면의 감정을 주시하면 우리가 어떤 방식으로 현실을 창조하고 있는지 알 수 있습니다.

인생은 내면에서 일어나는 생각의 싸움입니다. 우리는 하루에도 수십 번 긍정적인 생각과 부정적인 생각을 왔다, 갔다 합니다. 우리는 훈련을 통해 긍정적인 감정의 빈도수를 늘릴 수 있습니다. 우리는 고요함 속에 생각하는 시간을 가져야 합니다. 인생의 진정한 사업은 '생각하기'입니다. 우리가 경험하는 모든 것은 생각의 결과이기 때문에, 생각을 의도적으로 신중히 선택해야 합니다.

당신 마음속에 의심이 조금도 남아 있어서는 안 됩니다. 우주의 마음은 하나이기 때문에, 당신이 어떤 행동을 함에 있어 불신이 남아 있다면, 원하는 결과를 얻을 수 없습니다. 우주는 당신의 생각을 정확히 반영합니다. 내면에서 고요함을 찾으려는 노력이 중요합니다. 고요한 마음을 통해 부정적인 생각을 던져버리고, 자기 욕구를 작용시킨다면 우리는 창조력을 가동시킬 수 있습니다.

모든 문제의 원인은 당신 안에 있습니다. 세상의 문제를 해결하겠다고 밖에서 어떤 행동을 하려고 하지 마세요. 외부에서 문제를 해결하는 문제는 항상 다른 문제를 동반합니다. 자기 문제에만 신경 쓰세요. 스스로를 최대로 실현하는 것이 사회에 가장 크게 기여하는 것입니다. 자기가 영적인 존재임을 깨달은 사람은 더 이상 두려움이 남아 있지 않습니다. 그 사람은 부분이 아닌 전체로 살아갑니다. 마음의 압박감을 느끼면서 어떤 일을 하려고 하지 마세요. 긴장감은 언제나 영감과 통찰력을 앗아 갑니다.

두려워하면 그 생각은 두려워하는 상황을 끌어당깁니다. 그래서 부정적인 감정을 일으킨다는 것 자체가 어리석은 행동입니다. 우리가 원하지 않는 현실을 스스로 불러오는 것이기 때문입니다. 고요한 가운데 우리는 무한한 힘과 연결됩니다. 우리는 이 힘을 무한히 활용할 수 있습니다. 이 힘을 이용한다는 것은 전능해진다는 뜻입니다.

우리는 겉모습이 아니라 진실을 볼 수 있어야 합니다. 진실은 언제나 눈으로 보기 힘듭니다. 감각기관에 의존해서는 진실을 알기 힘듭니다. 우리는 내면에서 진실을 구할 수 있습니다. 두려움은 태양을 가리는 먹구름입니다. 두려움이 우리의 가장 큰 적입니다. 성공과 실패는 항상 지금 이 순간에 달려 있습니다. 우리는 내면을 바라보려는 습관을 통해, 우리 자기가 한계가 없는 영적 존재임을 하루빨리 깨달아야 합니다.

우리는 물질 세계에서 살아가는 하나의 동떨어진 개체가 아닙니다. 우리는 환경의 산물이 아닙니다. 자기 내면세계를 다스리면, 당신은 별로 애쓰지 않아도 물질과 사람을 자기가 원하는 방향으로 이끌 수 있습니다. 자기 내부에서 생각하는 것은 사물의 혼을 다루는 일이기 때문에, 외부에서 노력을 기울이는 것은 피상적일 수밖에 없습니다. 그만큼 효과는 적습니다. 대부분의 사람들이 노력을 하는 방식입니다.

마음속으로 그림을 그리는 과정은 소망을 실현하기 위해 거의 전부라고 할 정도로 매우 중요합니다. 우주의 마음과 우리의 마음은 근본적으로 동일하기 때문에 마음속 상상은 우주의 창조력이 작용하는 데 결정적인 역할을 합니다. 무언가를 만들기 위해서는 먼저 설계도가 있어야 합니다.

상상은 우주의 마음을 움직이는 과정입니다. 상상은 우리가 겪게 될 경험을 결정합니다. 상상은 주관적인 과정이라 생명력이 넘칩니다. 우리는 마음속에 상상한 만큼 살 수 있습니다. 가장 좋은 것과 만나려면, 자기가 원하는 바를 구체적으로 상상하는 훈련을 해야 합니다. 상상은 주관적인 과정이기 때문에 자기와 가장 친밀하며, 보는 과정보다 더 직접적인 방법입니다.

우리는 본질적으로 영적인 존재입니다. 육체를 가진 영혼입니다. 영혼은 완벽하기 때문에 우리는 완전한 존재입니다. 자기를, 성별, 나이, 출신, 인종, 학력, 직업 등으로 조건 지어 생각하지 마시기 바랍니다. 스스로 한계를 만들면 우리는 자기가 규정지은 대로 살아야 합니다. 부는 타고나는 것이 아니라, 무한한 우주의 정신을 활용해서, 자기가 만들어 나가는 것입니다. 자기가 영적인 존재이고, 본래 한계가 없다는 것이 진리입니다.

당장 눈앞의 현실에서 살아가는 것은 남이 만든 생각의 틀 속에서 살아가는 것입니다. 우리는 큰 그림을 그리는 일에 더 주의력을 쏟아야 합니다. 상상은 힘든 과정이지만 가장 큰 보상을 주는 행동입니다.

자기 삶이 알 수 없는 힘에 끌려가고 있다는 생각이 든 다면, 당신은 생각할 시간을 마련해야 합니다. 운명을 타고 난 사람은 없습니다. 우리의 생각이 쌓이면 운명이 됩니다. 운명을 자기 의지로 바꿀 수 있다는 진실이 얼마나 아름답습니까. 자기 인생을 바꾸기 위해서는 남들이 사는 것을 보기보다는, 자기 내면의 이상을 추구하는 데 힘써야 합니다.

자기가 원하는 소망을 이미지를 그리는 순간, 그 소망은 현재완료형이 됩니다. 이미 이루어진 것으로 자동으로 각인이 되는 것입니다. 지성으로 소망이 이루어졌음을 믿는 것보다 더 효과적인 것입니다. 상상은 우주의 보이지 않는 원인을 조정하는 강력한 힘입니다. 그림을 그리는 과정은 잠재의식에 각인을 시키는 행동이고, 잠재의식은 우리가 보이지 않는 영역에서 소망을 이루기 위한 재료를 찾습니다. 인간의 이성과 상상으로는 이해하지 못할 과정이 진행되는 것입니다. 창조 과정에 우리가 깊숙이 개입할 수는 없습니다. 다만 우리는 이상을 명확히 하고, 최대한 아름답게 구축할 수 있습니다. 우리는 자연스럽게 우주가 주는 선물을 받으면 됩니다.

사람들이 무한한 힘에 연결되는 방법을 깨닫게 된다면, 더 이상 전통적인 의미의 노동과 일은 설 자리가 없을 것입니다. 인간은 창조하는 일, 상상하는 일 등의 핵심적인 사업에만 주의를 기울일 것입니다. 상상은 최고의 노동력 절감 방법입니다. 내면에서 우리는 항상 긍정과 부정이 줄다리기를 합니다. 가장 힘든 싸움임은 분명하지만, 가장 큰 보상이 따르는 행동입니다.

큰 그림을 그리는 사람은 자기가 원하는 인생을 살 수 있습니다. 세상이 말하는 직업은 주로 겉으로 드러난 결과의 차원을 다루는 일입니다. 근본적인 원인에 손대는 일은 찾아보기 힘듭니다. 긴장을 풀고 항상 편안한 마음을 갖는 것이 먼저 해야 할 일입니다. 상상과 건설적인 생각은 그다음부터 시작됩니다. 두려움은 생명이 흘러나오는 것을 가로막는 가장 큰 장애물입니다. 상상 속에 존재하는 대상은 눈에 보이는 현실로 드러나는 원형입니다. 자기 생각을 관리하는 것이 세상에서 가장 중요한 이유는, 당신이 겪게 될 경험과 세상이 내면을 그대로 반영하기 때문입니다.

선택을 좌우하는 것은 우리의 생각입니다. 우리는 매 순간 선택을 합니다. 생각을 하는 것도 일종의 선택입니다. 우주는 우리의 풍요와 행복을 위해 존재합니다. 우리는 무한한 공급원을 최대한 활용할 때 즐거움을 느낄 수 있습니다. 영적인 마음에서 상상하는 일들은 시간과 공간을 초월해 있습니다. 모든 일이 동시에 일어난다는 말은, 실제로 세상의 모든 일은 영적인 영역에서 먼저 일어난다는 뜻입니다. 소망, 집중, 사랑이 모두 합쳐질 때, 당신은 세상에 엄청난 영향력을 끼치게 됩니다. 소망은 사랑입니다. 긍정적이고 건설적인 소망인 경우 말입니다.

우리는 안에서 경험한 것만 밖에서 경험할 수 있습니다. 우리가 우주의 마음과 조화를 이룬다면, 조화로운 여건에 있게 됩니다. 사소한 걱정과 두려움은 우주와 조화를 이룰 수 없습니다. 돈은 결과로 드러난 우주의 무한한 풍요로움입니다. 생각의 힘은 몸을 움직이지 않고, 고요히 존재할 때 작동합니다. 자기 운명을 지배하기 위해서는, 밖으로만 향하려는 몸을 지배해야 합니다. 몸은 감각을 통해 받아들이는 현실만 진짜라고 생각하는 경향이 있기 때문입니다. 원인이 아닌 결과만을 향하려고 하기 때문입니다. 자기가 원하는 삶을 살기 위해서는 생각이 작동하는 방식을 철저히 알아야 합니다. 생각이 우리 삶을 만들기 때문입니다. 긍정적이고 건설적인 생각은 고요할 때 이루어질 수 있습니다. 우리는 대부분의 시간을 고요하게 지내야 합니다.

생각은 비슷한 것을 끌어당기는 자석이기 때문에, 사소한 불안과 걱정은 비슷한 현실을 불러옵니다. 우리의 소망은 영적인 밭에 뿌려진 하나의 씨앗입니다. 방해하지 않는다면, 싹이 트고, 열매가 열릴 것입니다. 우리는 의심이 많아서 싹이 자라는지 확인하려고, 자꾸 땅을 파보는 어린아이와 같습니다.

내면 깊은 곳에서 비롯되는 영감을 담은 생각은 생명력이 있습니다. 모든 힘과 생명력, 치유는 내면에서 얻을 수 있습니다. 우리 마음속 이미지는 결국 현실이 됩니다. 걱정, 불안 등은 모든 병의 근본 원인입니다. 내부의 건축물을 조금 수정하는 것으로는 부족합니다. 우리는 건물을 새로 지어야 합니다.

자기가 원하는 바를 마음속으로 완벽하게 보는 능력은 성공의 지름길입니다. 사람들은 마음속 상상의 힘을 과소평가하는 경향이 있습니다. 자기 여건은 스스로의 건설적인 생각으로 만들어집니다. 세상의 변화는 영적인 힘에서 비롯됩니다. 누군가는 생각을 하고, 다른 누군가는 그 생각에 따라 움직입니다. 잠재의식을 의도적으로 자기를 위해 활용할 수 있다는 지식은 매우 소중합니다.

작게 생각하는 습관은 우리에게 작은 것을 불러옵니다. 큰 것을 주장하는 것은 당신의 권리입니다. 사소한 문제와 불만에 주의력을 집중하는 사람은 골칫거리에서 헤어 나올 수 없습니다. 자기 안의 모든 결함을 없앤 사람은 비로소 자기 마음을 깨끗이 청소한 것입니다. 이제 자기가 원하는 이상을 추구할 터전이 마련된 것입니다.

우리는 이제 외부로만 분주히 뛰어다니는 것을 멈추어야 합니다. 우리는 우주의 신비함을 가까이서 느끼고 있습니다. 내면의 현실이 당신에게 가장 가까운 현실입니다. 내면의 창조력을 활용하는 사람은 더 이상 운명의 노예가 아닙니다. 상상은 우리의 일터가 되어야 합니다. 현상은 영혼의 그림자입니다. 실체는 생각입니다. 물질은 생각에 따라 얼마든지 변할 수 있습니다. 눈에 보이는 물질 자체는 근원이 없습니다.

고요함이 전능한 힘입니다. 고요함은 무엇이든 다 해내는 우주의 힘입니다. 생각은 형상을 만드는 작용을 합니다. 당신이 지금 앉아 있는 장소의 백 년 전을 떠올려 보세요. 완전히 다른 세상이 보일 것입니다. 당신이 눈으로 보이는 모든 것은 생각으로 만들어졌습니다. 백 년 후에는 또 다른 생각으로 인해 세상이 변해 있을 것입니다. 당신은 생각만이 실제라는 말을 이해할 수 있습니다.

생각이 현실 세계에 드러나는 일은 시간에 따라 이루어지는 듯 보입니다. 하지만 영적인 차원에서 이루어지는 우리의 소망은 시간을 초월해서 이 순간에 동시적으로 이루어지며, 존재합니다.

일관성 있게 자기가 원하는 것에만 집중하기 위해서는 훈련이 필요합니다. 우리는 항상 긴장을 풀고, 몸을 이완시키려는 습관을 가져야 합니다. 압박감을 느끼며 어떤 일도 하지 말아야 합니다. 우리는 현실이라고 생각하는 결과의 차원이 아닌, 이상만을 생각해야 합니다.

우주의 공급원은 무한합니다. 우리는 진리에 따라 생각하지 않고, 인습, 사회통념, 습관 등에 따라 생각합니다. 우리의 생각만이 유일한 실체이며, 환경과 조건을 만드는 원인입니다. 우리는 이 개념을 습관적인 사고로 자리매김해야 합니다. 우리는 먼저 어떤 존재가 되어야 합니다. 의식 수준에 맞는 것을 만나게 되기 때문입니다. 우주의 법칙은 한 치의 오차도 없습니다. 우리에게 정확한 것을 돌려줍니다. 하나의 씨앗을 다른 열매가 열리기를 기대해서는 안 됩니다.

우리가 많이 줄수록 많은 생명을 받게 됩니다. 우리가 줄 수 있는 것은 건설적이고 긍정적인 생각입니다. 파괴적인 생각은 결과적으로 악을 낳습니다. 선과 악은 결과를 나타내기 위해 사용되는 말입니다.

모든 성공은 영적인 깨달음에서 비롯됩니다. 세상은 생각의 힘으로 돌아갑니다. 삶에서 가장 중요한 일은 어떤 생각을 마음에 품고 있느냐입니다. 꾸준한 이상은 결국 열매를 맺습니다. 자기 바람을 간절히 소망하는 것은 물건을 주문하는 일과 같습니다. 우리가 인터넷에서 물건을 주문할 때 그것이 도착하리라는 사실을 의심하지는 않습니다. 마찬가지로 우리가 자기 소망을 잠재의식이라는 밭에 뿌렸다면, 머지않아 수확을 하게 될 것입니다. 걱정, 불안 등으로 조급해하지 않아야 합니다.

당신이 경험하는 사건, 상황 등의 기원은 모두 당신에게 있습니다. 우리는 운명을 통제하는 강력한 무기를 지니게 됩니다. 왜냐하면 모든 것이 생각에서 비롯된다는 사실을 절실히 알고 있기 때문입니다. 생각은 물리적인 힘을 뛰어넘는 에너지입니다. 자기 생각을 선택하는 것이 인생의 가장 중요한 사업입니다. 이 사업에서 이상적인 여건이 생겨납니다.

영감과 통찰력은 고요함 속에서 집중할 때 나옵니다. 우리는 무한한 영감의 공급원을 가지고 있습니다. 적극적으로 영감을 활용하는 것은 인간의 이성을 뛰어넘는 결과를 가져다줍니다. 무한한 공급원을 깨달은 사람은 두려움을 극복할 수 있습니다. 영감은 상투적인 길에서 벗어나게 해줍니다. 인습을 탈피하는 지혜가 영감입니다.

마음속에 존재하지 않는 것은 외부의 현실에 나타날 수 없습니다. 우주의 마음은 자기를 표현하기 위해 각 개인을 이용합니다. 우주 전체의 관점에서 보면 우리는 일종의 도구입니다. 우주의 근원은 우리를 통해 자기를 다채롭게 표현하려고 합니다. 우리의 생각, 소망의 성격에 따라 다양하게 세상에 외형을 띄는 것입니다. 우리는 육체라는 도구를 가진 영혼입니다. 우리의 본질은 영혼이기 때문에 사라지지도 않고, 죽지도 않습니다.

대부분의 사람들은 육체 의식으로 살아갑니다. 자기가 정신을 가진 육체라고 생각하는 것입니다. 내면세계를 발견한 사람은 반대로 생각합니다. 육체를 가진 정신이라고 생각합니다. 그 사람은 더이상 상황의 노예가 아닙니다. 자산이 무슨 경험을 할지 통제하는 사람입니다. 우주의 근원은 우리의 소망을 실현시키기 위해 항상

대기 상태에 있습니다. 잔잔한 마음이지만, 모든 것을 이루는 전지전능한 마음입니다.

상상력은 우리의 소망을 우주에 전달하는 과정입니다. 일단 명확한 소망이 우주에 전달되면, 창조 과정은 우주에 의해 저절로 진행됩니다. 영적으로 아직 초기 단계에 머문 사람들은 이런 얘기가 이해되지 않으며, 의심하는 마음부터 생길 것입니다. 우주의 마음에 대한 점진적인 이해를 통해, 우리는 더 이상 억지스러운 노력에서 해방될 수 있습니다.

우주의 마음은 힘들이지 않고 모든 일을 완벽하게 해냅니다. 인간의 지성을 초월한 마음입니다. 지금 우리가 이 정도라도 이해한 것이 놀라운 일인지 모릅니다. 진리는 다양한 말로 다양한 측면이 표현될 수 있습니다. 진리의 힘은 우리가 최대한 이완되고, 압박감이 없으며, 불안해하지 않을 때 작동하기 시작합니다.

힘이 드러나기 위해서는 힘을 의식해야 합니다. 우주의 마음과 하나가 되어야 합니다. 부와 건강은 완전한 의식 상태를 반영한 결과입니다. 완전한 삶을 위해 완전한 존재와의 연결을 유지해야 합니다. 자기가 원하는 것을 이루고 싶을수록 힘들이지 않고 자연스럽게 이루도록 해야 합니다. 무한한 근원에 자기를 내맡기는 것입니다. 당신이 가만히 있어야 하는 것이 아닙니다. 영감에 따라 가장 현명한 행동을 할 수 있습니다.

생각은 자석이기 때문에, 우리에게 같은 종류의 현실을 가져다줍니다. 우주의 마음은 하나이기 때문에 조화로운 생각은 당신이 가장 좋은 것들과 만나게 해줍니다. 생각은 무한한 우주의 마음과 인간의 유한한 삶을 연결하는 다리입니다. 생각으로 우리는 성장을 위한 환경과 여건을 만들어 냅니다.

우주의 마음은 어디에나 존재하며, 무엇이든 만들 수 있는 전지전능한 힘입니다. 우리는 우주의 창조 과정을 따를 뿐입니다. 간절히 원하면 이루어진다는 말은 우주의 창조적인 힘을 다르게 표현한 말입니다. 씨앗 안의 무한한 잠재력처럼 우리 내면에는 모든 생명과 힘이 존재합니다. 우주는 저절로 해내는 방법을 알고 있습니다.

우주의 마음은 생각하는 마음입니다. 우주의 마음은 평상시는 잔잔하나, 생각은 동적인 힘으로 작용합니다. 인간도 생각하는 존재입니다. 인간은 생각을 통해 자기가 원하는 환경과 조건을 끌어당깁니다. 인간은 생각하는 존재지만, 창조 과정은 우주의 마음이 이끕니다. 따라서 원하는 것을 얻기 위해서는 우주의 마음에 순응하는 자세가 필요합니다. 자기 의식적인 노력으로 모든 것을 해내려는 마음을 버려야 합니다.

사람은 신체를 평안하게 쉬게 할 때, 비로소 생각하는 시간을 갖게 됩니다. 이때의 생각은 무의식에 의해 수동적으로 끌려가는 것이 아니라, 건설적으로 자기 미래를 창조하는 생각입니다. 대부분의 사람들은 불필요하게 몸을 움직이며, 자기를 상황의 노예로 만듭니다. 생각을 한다는 것은 자기가 원하는 대로 인생을 설계한다는 뜻입니다. 깊은 곳에서 나오는 생각은 생명력과 힘이 담겨 있습니다.

잠재의식은 습관이 머무는 집입니다. 또한 잠재의식은 영감과 상상력의 원천입니다. 의도적인 생각이나 소망을 잠재의식에 각인시키는 것은, 우리가 건설적으로 잠재의식의 힘을 적극 활용하는 것입니다. 잠재의식은 우주의 마음과 그 본질이 동일하기 때문에, 근본적으로 창조적입니다. 우리의 생각은 잠재의식이 작용하는 방향을 결정합니다. 잠재의식은 일종의 원료입니다. 잠재의식은 우주의 마음입니다. 잠재의식을 소망을 이루기 위해 현명하게 활용하는 사람은 드뭅니다. 대부분의 사람들은 잠재의식이 작용하는 메커니즘에 무지합니다. 운명의 노예가 되는 것입니다. 운명의 노예가 된다는 것은 자기 생각을 의도적으로 선택하는 힘이 부족하다는 뜻입니다.

행복과 조화는 지금 이 순간의 의식 상태입니다. 우리의 본질은 영혼이기 때문에 완전할 수밖에 없습니다. 조건 없는 마음인 우주의 마음에서 우리가 원하는 환경과 조건이 만들어집니다. 조건에 근거한 행복은 지속되기 어렵습니다. 조건을 만든 절대적인 마음만이 행복의 지속적인 원천입니다.

우주의 마음이 우리를 통해 흐르도록 하는 것이 부의 비밀입니다. 흐름을 막지 않고 놔두는 것이 우리가 할 일입니다.

바른 마음가짐에서 좋은 환경과 물질이 생겨납니다. 언제나 영적인 것이 먼저입니다. 당신이 원하는 현실은 지금 이 순간에 이상으로 존재합니다. 이상은 현실로 나타날 청사진입니다. 진리는 다양한 측면을 가지고 있기 때문에 다양한 문장으로 표현될 수 있습니다. 대상을 마음속으로 생각하는 일은 사물의 혼에 다가가는 일입니다.

우리는 의도를 분명히 해서, 자기 소망을 우주의 마음에 전달할 수 있습니다. 창조 과정은 기본적으로 우리가 담당할 수 없습니다. 우리가 아무런 노력 없이 걸을 수 있듯, 창조 과정은 우주가 아무런 힘도 들이지 않고 정확히 해냅니다.

우주는 우리의 행복을 위해 존재합니다. 우주는 우리 자기입니다. 세상은 모두 우리 안에 들어 있습니다. 우리가 세상 안에 있는 것이 아닙니다. 우리는 몸을 가진 의식입니다. 우리가 행복의 근원을 발견한다면, 우리가 바라는 모든 것이 우리에게 다가올 것입니다.

우리는 고요함을 통해 자기가 의식임을 깨닫고, 우주의 마음과 연결됩니다. 자기가 원하는 바를 실현하기 위해, 인간의 노력을 뛰어넘는 초월적인 지성과 연결되는 것입니다. 우리는 미리 상상함으로써 이상적인 하루를 창조할 수 있습니다. 그림 그리기는 원하는 것을 끌어당기는 강력한 도구입니다. 원하는 것이 이미 이루어졌다는 믿음은 기분을 좋게 느낌으로써 우주에 특정 주파수를 전하는 행동입니다.

당신의 의식 수준이 고양될수록 보이지 않는 힘을 믿는 것이 쉬워집니다. 우리는 눈에 보이지 않으면 일단 의심부터 하고 봅니다. 우리의 신체는 영혼이 있기 때문에 움직일 수 있습니다. 육체에 영혼이 갇힌 것이 아닙니다. 우주의식이 신체로 자기를 표현한 것입니다. 우리는 과거, 현재, 미래의 시간의 궤적이 아닌, 영원한 현재의 순간을 살고 있습니다.

무한한 내면의 힘은 우리가 의식할 때 사용할 수 있습니다. 의식하지 않으면 연결이 끊어집니다. 생각의 창조력은 우주의 마음에 작동합니다. 우리가 원하는 소망의 가짓수에는 한계가 없습니다. 당신은 자기가 뜻하는 사람이 될 수 있습니다. 우리는 항상 자기 생각을 점검할 수 있어야 합니다. 내면에서 영감과 지혜를 구할 때 실패하지 않습니다. 우주에는 본래 자연스러운 성공만 있습니다. 두려움과 불안은 우리가 전능한 존재와의 연결이 끊어질 때 발생하는 감정입니다.

당신의 인생이 좀 더 쉬워지고 완전해지기 위해서는 잠재의식, 즉 우주의 마음에 더 자기를 내맡겨야 합니다. 우주의 마음은 인간의 마음을 초월해 있습니다. 우리의 소망을 위해 보이지 않는 원인을 조정합니다. 우리는 그 힘이 어떻게 작동되는지 자세히 알 수 없습니다. 그런 힘이 있다는 것만 깨달을 수 있습니다. 우리는 항상 자기가 겪는 현실의 원인을 내부에서 찾아야 합니다.

의식적인 노력은 잠재의식의 자연적인 진행을 따라가지 못합니다. 우리는 자기가 하는 일이 자연스러운 걸음처럼 되도록 해야 합니다. 긴장을 풀고 자기를 우주의 힘에 내맡길 때, 우주의 리듬을 탈 수 있습니다. 우주의 리듬을 타는 삶은 쉬운 삶입니다. 자연은 억지스럽게 일을 처리하지 않습니다. 조화로운 내면은 우리가 조화로운 현실만 직면하게 해줍니다. 결과에 대한 집착을 버리고 잠재의식이 일을 처리하도록 그냥 놔두면 됩니다. 노력이 성과를 만드는 것이 아닙니다. 분명한 의도가 있는 것만으로 충분합니다. 분명한 의도가 전달되는 것만으로 우주의 창조력은 작동하기 시작합니다. 우주는 우리를 위해 존재합니다. 우주는 우리를 통해 자기를 표현하려고 합니다. 우리의 소망은 하나의 표현 양식입니다.

조화로운 내면은 조화로운 현실을 초래합니다. 조화로운 내면을 갖는다는 것은 자기가 원하는 생각을 선택하고, 환경으로부터 받은 인상에서 취할 것만 취한다는 뜻입니다. 조화로운 내면에는 불안, 긴장, 걱정, 두려움이 없습니다. 행복은 가장 고귀한 목표입니다. 행복한 의식 상태를 유지하면 다른 것들은 자연스럽게 따라옵니다. 우리는 부차적인 원인에 근거한 행복이 아닌, 절대적인 행복 상태를 추구해야 합니다. 사실 우리는 행복을 추구를 통해 얻을 수 없습니다. 행복은 우리가 이미 가진 내면의 의식 상태입니다.

각 개인은 우주의 마음이 표현되는 출구입니다. 우리의 소망은 우주가 자기를 표현하는 하나의 방식입니다. 우리는 스스로 의도를 가지고 있다고 생각하지만, 사실 우주의 의도인 것입니다. 자기를 고군분투하는 하나의 분리된 개체로 생각하는 것은 커다란 착각입니다. 당신은 우주 정신의 일부입니다.

소망은 그 자체로 자동적으로 실현될 잠재력을 가지고 있습니다. 마치 땅에 지금 막 심은 씨앗처럼 말입니다. 우리가 자기를 우주와 동떨어진 개체로 생각한다면 억지스러운 노력에 의존하는 삶을 살아야 합니다. 소망은 우주 정신에 지금 막 심어진 씨앗입니다.

우주의 힘은 인간의 어떤 상황도 처리할 수 있는 전지전능함입니다. 우리는 일상적인 상식과 관념이 너무 깊게 자리잡혀 있어서, 직관으로만 알 수 있는 우주의 신비를 의심하는 경향이 있습니다. 우주는 우리의 욕망을 자연스럽게 실현합니다. 우리의 욕망이 건설적이고 진보적인 소망인 경우에 말입니다. 긴장과 불안은 소망의 자연스러운 성취를 방해합니다.

내면의 우주와 연결된 사람은 마음이 편안합니다. 우리는 주로 자기 상황에 대한 생각, 자기 문제에 대한 생각으로 우주와의 연결이 끊어집니다. 두려움, 걱정, 불안이 우리를 잠식하는 것입니다. 우리는 더욱 자주 내면의 우주를 의식해야 합니다. 모든 지혜와 힘이 내면의 우주에서 나오기 때문에, 연결이 끊어지는 만큼 연약해지고 무기력해집니다.

잠재의식은 모든 문제에 대한 답을 알고 있습니다. 우리가 해야할 일은 억지스러운 노력이 아니라, 잠재의식에 의존하는 일입니다. 분명한 목적이나 질문을 던지고 잠재의식의 지혜에 귀를 기울이는 일입니다. 당신은 힘든 노동을 통해 돈을 벌지 않아도 됩니다. 잠재의식은 무한한 부의 공급원입니다. 부의 공급원이 항상 우리 곁에 있다는 사실을 잊지 마시길 바랍니다.

사람은 자기 습관에 따라 과거를 반복하기 쉽습니다. 사람들은 같은 생각을 반복하는 경향이 있기 때문입니다. 자기 운명을 정복하기 위해서는 우리는 좀 더 고요하게 몸을 통제할 수 있어야 합니다. 몸을 통제하는 것은 몸을 편안하게 유지하는 것입니다. 압박에 의해 어떤 일을 하려고 하지 마세요. 긴장감은 잠재의식의 흐름을 방해합니다. 잠재의식의 지혜를 얻기 위해서 우리는 최대한 몸을 이완시켜야 합니다. 당신의 목표와 관련하여 의식적인 노력을 하려고 하지 마세요.

잠재의식에 각인된 생각은 당신의 현실을 만들어내는 하나의 원형이 됩니다. 원하는 삶을 살기 위해서는 당신이 원하는 바를 잠재의식에 자주 각인시켜야 합니다. 기도와 명상은 효과적인 도구입니다. 외부에서 힘을 구하는 것은 오래전부터 내려온 인류의 잘못입니다. 가장 강력한 힘은 각자의 내면에 있습니다. 이 진리를 깨닫는 순간 우리는 온갖 두려움을 물리칠 든든한 지원군을 얻게 되는 것입니다.

잠재의식은 우리 내면의 우주입니다. 우리가 상상한 것은 겉으로 드러날 하나의 청사진입니다. 외부의 조건과는 상관없이 자기 이상을 구축하는 일에 관심을 기울이세요. 영적인 것은 매우 실질적인 영역입니다. 우리가 살아가는 객관적인 현실 세계는 일종의 꿈입니다. 우리가 잠잘 때 꾸는 꿈과 다르지 않습니다. 우리의 생각과 상상, 이상만이 실질적입니다. 눈에 보이는 세상은 결과의 차원입니다. 잠재의식은 우리의 소망이 이루어지기 위한 가장 적절한 시기, 가장 적절한 방법을 알고 있습니다. 우리는 그저 내맡기면 됩니다.

우리가 해야 할 일은 '바르게 생각하기'입니다.

앉아서 상상하는 일이 우리가 할 일입니다. 모든 창조 과정은 내면의 잠재의식이 진행합니다. 모든 일이 저절로 이루어지는 것입니다. 우리는 소망을 의식하고 있으면 됩니다. 당신이 영적인 존재임을 깨닫게 되면, 모든 소망이 이미 이루어진 사실이라는 말을 이해하기 쉬워집니다. 당신은 몸을 가진 영혼입니다. 당신의 본질은 창조적입니다. 당신의 창조성을 방해하는 사회의 방해로부터 물러나서 이상을 추구하는 일에 전념하시길 바랍니다.

잠재의식은 말보다 이미지에 더 강하게 반응합니다. 당신은 자기가 되고 싶은 것, 갖고 싶은 것, 하고 싶은 것에 대한 분명한 이미지를 마음속에 항상 품고 있어야 합니다. 당신이 소망하는 이미지는 무한한 우주의 마음에 작용하여 창조 과정을 이끕니다.

신념은 소망을 이미 이루어진 사실이라고 믿는 힘입니다. 신념은 창조력이 발휘되게 하는 원료와 같습니다. 휘발유가 없으면 자동차는 갈 수 없습니다. 분명한 소망이 있더라도 신념이 뒷받침되지 않는다면 소망은 작동하지 않을 것입니다.

자기가 살면서 경험하는 것들은 생각에 따라 진행됩니다. 모든 행동은 생각이 밖으로 표현된 현상입니다. 자기를 다스리는 일은 하루아침에 이루어지지 않습니다. 인생에 걸쳐 꾸준한 훈련이 필요합니다. 원인을 내부에서 찾는 일이 자기를 다스리는 것입니다.